幽默沟通学

零距离制胜的社交法宝

YOUMO
GOUTONGXUE

关振宇 ◎ 编著

廣東旅游出版社
悦读书·悦旅行·悦享人生

中国·广州

图书在版编目（CIP）数据

幽默沟通学：零距离制胜的社交法宝 / 关振宇编著 . —广州：
广东旅游出版社，2017.8
ISBN 978-7-5570-1013-3

Ⅰ.①幽… Ⅱ.①关… Ⅲ.①人际关系—通俗读物
Ⅳ.① C912.11-49

中国版本图书馆 CIP 数据核字（2017）第 130584 号

责任编辑：苏洁仪
封面设计：U+Na 工作室

幽默沟通学：零距离制胜的社交法宝
YOUMO GOUTONGXUE：LINGJULI ZHISHENG DE SHEJIAO FABAO

广东旅游出版社出版发行
（广州市越秀区环市东路 338 号银政大厦西座 12 号　邮编：510180）
北京紫瑞利印刷有限公司印刷
（北京市海淀区上庄路 58 号）
广东旅游出版社图书网
www.tourpress.cn
联系电话：020-87347732
710 毫米 ×1000 毫米　16 开　16 印张　177 千字
2017 年 8 月第 1 版第 1 次印刷
定价：36.00 元

[版权所有　侵权必究]

本书如有错页倒装等质量问题，请直接与印刷厂联系换书。

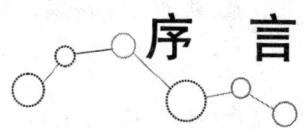

序 言

幽默是人类生活中一种宝贵的精神财富，是我们轻松生活、克服困难、渡过难关的优秀品质，是一种高明的处世艺术，也是一种极高明的生活智慧。只要我们能够在生活中懂得运用幽默智慧为人处世，我们将收获一个成功的人生。

幽默具有无穷的力量。有幽默感的人常觉得自己心情愉快，而且人际关系良好。在日常生活中恰当地使用幽默，能够引发喜悦，带来轻松，让人快乐，消除心理压力，打破尴尬局面，化解矛盾与冲突。幽默能使人获得精神上的快感，它以一种愉快的方式，调节了人与人之间的沉默气氛，使大家在欢声笑语中实现合作，加强交往，提升人际关系。会幽默的人是受人欢迎的人，会幽默的人往往是团体的核心。因此，他的号召力，他的凝聚力，他的人格魅力将会征服周围的人，使之一同与他并肩作战，共同营造辉煌的人生。

幽默是智慧的迸发，是善良的表达，是交往的润滑油，是我们人生的松驰剂，更是一种胸怀、一种境界。正如著名作家王蒙所说："幽默是一种成人的智慧，一种穿透力，一两句就把那畸型的、讳莫如深的东西端了出来。既包含着无可奈何，更包含着健康的希冀。"生活中的幽默让你在苦恼中茅塞顿开．在轻松的气氛中感受到成功的快乐，在回味中拍案叫绝。

幽默是一座桥梁，是沟通人心灵的桥梁。幽默者最有人情味，幽默者价值百万。与幽默者相处，每个人都会感到快乐。谁都希望和幽默的人一起工作。我们愿意为具有幽默感的人做事，女人喜欢选择天性诙谐幽默的男人做丈夫，学生渴望老师把枯燥的学问讲得妙趣横生。

幽默是一种宝贵的性格品质。幽默永远属于热心肠，属于生活的强者。幽默的人具有自信、宽容、豁达、乐观的心理素质，它使生活永远充满情趣和生机。同样，因为具有这种品质的人能正视现实，笑对人生，勇于战胜困难，从而取得胜利。

著名的西方心理学家弗洛伊德说过："最幽默的人，是最能适应的人。"的确，幽默能使我们在各种场合应对自如，游刃有余。拥有了幽默，我们就能够轻松地达到我们的目的，愉悦地走向成功，自在地追求我们的幸福。

成功的路，世上有千万条。每条成功的道路都充满泥泞与曲折，而幽默就是达到成功的一个很好的阶梯。

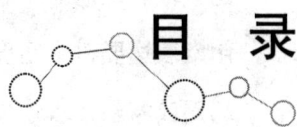

序言 ... 1

第 1 章　幽默让人顺利表达自己的想法　　001

幽默力量是属于你自己的，是你和你在人生中所扮演的角色所拥有的。这种力量使得我们能够摆脱困境，也使得我们能够自由自在地表现自己，表达我们的想法，表露我们的感受，并使对方领悟你真正的意思，这样我们就能顺利地达自己的目的，创造有意义的人生。

幽默具有无穷的力量　　003
巧用幽默来表达看法　　005
运用幽默达真正意图　　008
幽默表达仁爱之情　　010
学会幽默的赞美方式　　012
劝导他人的幽默艺术　　013
幽默安慰他人的艺术　　014
拒绝他人的幽默技巧　　016

批评他人的幽默艺术　　　　　　　　　　　　018

幽默地表达内心不满　　　　　　　　　　　　019

幽默表达要讲究适度　　　　　　　　　　　　021

巧用敌意幽默表达内心感受　　　　　　　　　023

借对方的话为自己观点服务　　　　　　　　　026

充分运用别致幽默的力量　　　　　　　　　　028

第2章　幽默使你成为人脉领域的王者　　　031

幽默是人际交往中的磁石，可以将你周围的人吸引到你身边来；幽默是一座桥梁，是沟通人心灵的桥梁；幽默也是转换器，可以将痛苦转化为欢乐，将烦闷转化为欢畅，每个人都喜欢与机智幽默的人做朋友，而不情愿与忧郁沉闷、呆板木讷的人交往。幽默让你在生活中聚集人气从而为你事业的成功打下良好的基础。

幽默是人际交往中的磁石　　　　　　　　　　033

带来笑声的人更受欢迎　　　　　　　　　　　035

幽默是增调节情绪的"润滑油"　　　　　　　037

"幽"得开心，"默"得可乐　　　　　　　　039

自嘲是社交中的灵丹妙药　　　　　　　　　　042

幽默容易让人产生信任　　　　　　　　　　　043

幽默打开我们与他人的沟通渠道　　　　　　　046

幽默使自我推销更有效　　　　　　　　　　　049

用幽默来代替握手　　　　　　　　　　　　　050

学会与人同笑　　　　　　　　　　　　　　　052

目 录

采取幽默的方式争取他人的谅解　　　　　　053
在生活中按下幽默的按钮　　　　　　　　　056
充分运用幽默的涟漪式效果　　　　　　　　057

第3章　幽默让人轻易扭转困境　　　　　061

　　在一些意外的场合，常常碰到一些意想不到的事情，如果处理不好，着实使人尴尬万分，进退两难。而幽默的运用就能让人化解尴尬，脱离困境，让事情朝着有利于自己的方向扭转，从而让人游刃自如于人际交往之中，获得自己的成功。

以幽默情致对待面临的问题　　　　　　　　063
幽默是化解困难的良药　　　　　　　　　　064
用幽默迅速反击寻衅　　　　　　　　　　　065
巧用幽默来回敬"揭短"　　　　　　　　　067
用简短幽默来解释过失　　　　　　　　　　068
假装糊涂来制造幽默　　　　　　　　　　　069
巧用幽默化解矛盾　　　　　　　　　　　　071
用幽默来轻松应对人生　　　　　　　　　　072
嘲笑自己可"征服"他人　　　　　　　　　074
有理不在声高　　　　　　　　　　　　　　076
运用美国式抱怨消除敌意　　　　　　　　　077

第4章　幽默让人在职场上获得成功　　　081

　　职场是人际关系复杂并且充满压力的地方，在职场生存并不容易。怎样取得职场成功呢？除了专业技术和处世经验外，一个重要的生存秘诀就是幽默。它能帮助你含蓄而豁达地表现自己，帮助你成功与上司、同事、下属交往和沟通，帮助你在逆境中将困难化解。幽默不仅帮你创造和谐的职场人际关系，更是你职位晋升的一个得力帮手。

幽默的力量是职场成功的秘诀　　　　　　　　　　　083

幽默让你扮演好自己的角色　　　　　　　　　　　　085

在职场中保持幽默的性格　　　　　　　　　　　　　088

对棘手的工作保持幽默的态度　　　　　　　　　　　090

幽默能让职场关系融洽　　　　　　　　　　　　　　091

幽默力量能改善你的将来　　　　　　　　　　　　　092

运用幽默方式表现人情味　　　　　　　　　　　　　095

以关心他人的方式来表达幽默　　　　　　　　　　　096

用幽默争取客户的合作　　　　　　　　　　　　　　098

幽默地向顾客推销　　　　　　　　　　　　　　　　100

幽默沟通中的"双不"原则　　　　　　　　　　　　102

第5章　幽默让个人充满魅力　　　　　　　　　　105

幽默的魅力充分显示了个人的修养内涵。一个有品性、有教养、有风度的人，才能完美地诠释幽默的全部妙趣。在生活中，我们可以看到，言行幽默风雅的人，他们往往睿智、宽容、坚韧。在工作中他们激流勇进，在生活中他们平凡、超脱。他们关注生活，关注社会，也关注那些需要帮助的人。他们怀着一颗感恩的心，爱惜生命，尊重每一个人。只有具有魅力的人，才能是生活的强者。

幽默风趣可提升个人魅力　　　　　　　　　　107

幽默可让自我得到充分展现　　　　　　　　　108

幽默助你展示着豁达的品格　　　　　　　　　110

幽默元素让寒暄充满乐趣　　　　　　　　　　111

幽默让逸乐交谈尽显个人风采　　　　　　　　114

幽默是构成个人活力的重要部分　　　　　　　116

幽默让你"一语惊人"　　　　　　　　　　　118

高雅情调的幽默显示良好修养　　　　　　　　121

幽默使人更有影响力　　　　　　　　　　　　124

幽默者给人们留下好的印象　　　　　　　　　125

第6章　幽默让个人生活充满阳光　　　　　129

　　幽默是悲观、烦恼、失意、忧愁的克星。幽默可以改变我们灰暗、消沉的心境,帮助我们找回自信、激情和兴致,使我们精神爽朗、心情舒畅,使我们的个人生活充满温暖的阳光。幽默的力量在于调节,它能在领悟全部人生内涵之后,创造新的气氛,以带来可贵的心理平衡,让人敞开心胸,尽情欢笑,享受美好的新生活。

幽默造就乐观的心态　　　　　　　　　　　　131

幽默可驱散莫名的愁云　　　　　　　　　　　132

幽默的人相信失败是成功之母　　　　　　　　133

幽默帮你学会苦中作乐　　　　　　　　　　　134

幽默是一种自然流露的情趣　　　　　　　　　137

幽默让生活充满温馨的阳光　　　　　　　　　139

幽默是烦恼的克星　　　　　　　　　　　　　141
笑口常开让身心更健康　　　　　　　　　　143
幽默属于生活的强者　　　　　　　　　　　145
以微笑面对人生的困难　　　　　　　　　　147
对生活形态进行改造　　　　　　　　　　　150
工作中也不妨幽默一下　　　　　　　　　　152
培养你的幽默感　　　　　　　　　　　　　155

第 7 章　幽默能赢得恋爱的成功　　　　　159

　　幽默，是恋爱生活的守护神。在微妙的男女关系里，每一个细微的行动，都由不少微妙的心理因素支配着，如果你能技巧性地掌握和运用幽默的技巧和策略，你将会用你的幽默赢得对方的芳心，从而使你在爱情的交锋中所向无敌，胜券在握。

幽默在初次接触中的妙用　　　　　　　　　161
机智灵巧地为对方送上幽默　　　　　　　　162
幽默是爱情的催化剂　　　　　　　　　　　164
巧用幽默动听的谎言　　　　　　　　　　　167
使用幽默自然增进亲密　　　　　　　　　　169
幽默言谈最易激发爱的温柔　　　　　　　　170
幽默要注意把握分寸　　　　　　　　　　　173
返还式幽默在恋爱中的运用　　　　　　　　175

第 8 章　幽默使家庭生活更加美好　　179

　　家庭由于爱而产生，靠爱来维护，而爱需要不断地注入活力。许许多多的人有过从爱情到"城堡"的感受，当初的爱似乎枯萎了。妻子埋怨丈夫好吃懒做，不理家务，感情迟钝。或者丈夫认为妻子缺乏激情，枯燥乏味，如此等等。殊不知爱情也好，家庭也好，都依赖一种双向的合力运动，成亦在此，败亦在此。家庭生活中的幽默，能使夫妻这两个"轮子"协调起来，朝着同一方向滚动。他们以幽默来代替粗鲁无礼的语言，解决日常生活中的分歧。虽然他们也相互挑剔，也会产生纷争，但是经过由幽默产生的情感冲击之后，一切纷争都显得微不足道了。

　　幽默使得家庭生活妙趣横生　　181
　　幽默让生活中有意义的时刻久留　　184
　　从幽默中发展出生活喜剧　　185
　　幽默让生活轮子平稳滑动　　187
　　用幽默暗示责备可增进家人感情　　189
　　幽默力量可促进家庭的和谐　　191
　　试着以幽默去保护自己的家庭　　194
　　以开玩笑的方式来表达爱情　　195
　　在幽默中增强爱的活力　　196

第 9 章　幽默让你在谈判中如鱼得水　　199

　　世界是一张巨大的谈判桌。在生活中，谈判无处不在，幽默如影随形。谈判存在于生活的方方面面。很多时候，我们自觉或不自觉地就成了某个谈判的参与者。在谈判中插入幽默，可以缓和紧张形势，制造友好气氛，缩短双方距离，钝化对立感，使谈判更融洽。

幽默能使你在谈判中如鱼得水、左右逢源，在"山重水复疑无路"时看到"柳暗花明又一村"。

幽默能够营造良好的谈判氛围	201
在谈判中利用幽默技巧占据主动地位	203
化解对方疑虑的幽默技巧	205
以退为进的幽默策略的巧妙运用	208
巧妙运用幽默破解谈判僵局	209
返还式幽默技巧在谈判的运用	210
答非所问的幽默谈判技巧	212
声东击西的幽默谈判技巧	214
旁敲侧击的幽默谈判技巧	216
以静制动的幽默辩论技巧	218
弦外有音的幽默辩论技巧	219
幽默让雄辩充满力度	221
诡辩中的幽默	222

第10章 幽默让你在谈判中如鱼得水　　225

幽默使你的演讲深刻有力，也使你本人令人难忘。幽默能够让你的演讲升华，使之更精彩。它能够让你的演讲开始引人入胜，中间赢得满堂喝彩，结尾回味无穷。掌握幽默艺术，能够让你的演讲充满感动人心的无限魅力。

用幽默的开场白抓住人心	227
灵活运用即兴妙语增加演讲的幽默感	229

目 录

不妨做点文字游戏	231
充分借助视觉上的幽默效果	232
演讲过程中可给听众一些幽默震荡	234
在演讲中插入幽默要控制好节奏	236
幽默的运用要做到真实而自然	238
注意收集他人的幽默	239

第1章 幽默让人顺利表达自己的想法

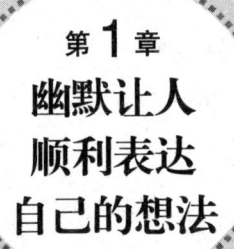

幽默力量是属于你自己的,是你和你在人生中所扮演的角色所拥有的。这种力量使得我们能够摆脱困境,也使得我们能够自由自在地表现自己,表达我们的想法,表露我们的感受,并使对方领悟你真正的意思,这样我们就能顺利地达到自己的目的,创造有意义的人生。

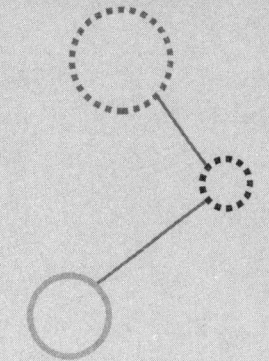

幽默具有无穷的力量

幽默具有无穷的力量。幽默的力量可用来释放你自己，使你的精神超脱尘世的种种烦恼。幽默可增加你的活力，使生活多一点情趣。幽默的力量能使你令人难忘，同时给人以友爱与宽容。除此以外，幽默还能润滑现实，超越用其他方法无法超越的限制，来委婉达到自己的目的。

试想，在公共汽车上，一位女乘客不停地打扰司机，汽车每行一小段，她就提醒司机她要在哪儿下车。司机一直很有耐心地听，直到她后来大叫："但是，我怎么知道我要下车的地方到了没有？"司机说："你只要看我脸上笑开了，就知道了。"

由于他人的妨碍，无法把工作做好，同时又不允许对此人直言冒犯，故而采用委婉的幽默方式便可达到自己的目的，清扫成功大道上的障碍。

一天，罗伯特敲开了邻居的门："请把您的收录机借给我用一晚上好吗？"

"怎么，您也喜欢晚间特别节目吗？"

"不，我只是想夜里安安静静地睡上一觉。"

如果你在处理这些棘手问题时，不敢勇敢地表达自己的看法，而是用一般的方式希望对方主动妥协，往往很难奏效。

林肯对麦克伦将军未能很好地掌握军机深感不满，于是他写了一封信：

"亲爱的麦克伦：如果你不想用陆军的话，我想暂时借用一会儿。"

如果一些人不能把分内的工作做好，又对他人期望值太高，要求太多时，也应该肯定地表达你的看法，其方式当然曲折、委婉一点好。

有幽默感且在事业中功成名就的人会经常接受到来自他人的幽默，同时也常常以幽默的方式回报对方。这些人因此能够缩短与普通人的距离，其成功的宝座也愈坐愈稳。

比尔在一家公司工作，他常常在工作时间去理发店。

一天，比尔正在理发，碰巧遇见了公司经理。他想躲，可经理就坐在他的邻座上，而且已经认出了他。

"好啊，比尔，你竟然在工作时间来理发，这是违反公司规定的。"

"是的，先生，我是在理发。"他镇定自若地承认，"可是你知道，我的头发是在工作时间长的呀。"

经理一听，勃然大怒："难道都是在工作时间长的吗？"

"是的，先生，您说得完全正确。"比尔答道，"可我并没有把头发全部剃掉呀！"

不论行为正确与否，单就这充满幽默感的对答就体现出员工的信心与机智，他相信，与自己的老板开个玩笑是在当时情况下处理尴尬局面的最好方式，姑且不论老板听完之后是否欣赏他的智慧与口才进而提拔他。

职员："先生！"
老板："什么事！"
职员："我老婆要我来要求您提拔我。"

老板："好吧！我今晚回家问问我老婆是否同意提拔你。"

这是以其人之道还治其人之身。幽默的背后蕴含鞭策，通过对自己的取笑来达到委婉拒绝下属不合理要求的目的。

正如每一位下属把自己的将来交给自己的上司一样，每一位经理和居于领导地位的人，也都把他的将来交在属下的手中。当你运用幽默力量去帮助别人更有成就时，你会发现不仅更容易将责任托付给别人，而且能让别人更自由地去发展有创意的进取精神。幽默的力量能改善你的将来，因为你的下属、同事会认同你，感谢你的坦诚开放，和你一起笑，对任何事情都持乐观态度，以轻松的心情面对自己的工作。

幽默力量是属于你自己的，是你和你在人生中所扮演的角色所拥有的。这种力量能使人解脱，使我们自由自在地表现我们自己，表达我们的想法，并表露我们的感受，而得以自由地去冒险，表现不平凡的作为，创造有意义的人生。

巧用幽默来表达看法

下面例子中的情况似乎是司空见惯的：

在公共汽车上，乘客和售票员经常处于对立的局面，一点小事都会引起激烈的舌战。如大腿被门夹住了，报站名没听到。

一位错过站的乘客慌慌张张地擂门大叫："售票员下车！"而售票员瞪眼瞅他，正在酝酿几句一鸣惊人的奚落话。

如果这时有一位乘客及时插嘴说:"售票员不能下车。售票员下车了,谁来售票?"

不仅那位错过站的乘客会对他报以微笑,可能连售票员也会变得和颜悦色起来。

同样,当我们要表达内心的不满时,如果能使用幽默语言的话,别人听起来也会顺耳一些。例如:

杰克和他的情人玛丽到咖啡店喝咖啡,但端上来的咖啡只有半杯满,这时杰克笑嘻嘻地对咖啡店主人说:"我有一个办法,保证叫你多卖出三杯咖啡,你只须把杯子倒满。"

杰克巧妙地运用幽默来表达失望感,却不致给对方带来难堪。也许杰克并没有机会喝到一杯满满的咖啡,但杰克一定会得到友善、愉快的服务,咖啡店主人或许还会请杰克下次再光临该店。

差不多在任何情况下,以富有幽默感的评语来代替抱怨,都可以使你得到比较周到的服务,包括从餐馆点菜,到抗议商店出售破损的商品。请看下面一段对话:

有一次,安德鲁到一家旅馆去投宿,旅馆职员说:"对不起,我们的房间全部客满了。"

安德鲁问:"假如总统来了,你可有房间给他?"

"当然有!"职员说。

"好。现在总统没来,那么你是否可以把他的房间给我?"

结果是安德鲁得到了房间。当我们需要把别人的态度从否定改变到肯定时，幽默力量具有说服效果，它几乎是一种有效的特殊处方。

汤玛斯·卡来尔对幽默的理解可以说是一种真知灼见。他说："真正的幽默是从内心涌出，更甚于从头脑涌出。它不是轻视，它的全部内涵是爱和争取被爱。"他还说："幽默力量的形成主要在于我们的情绪，而不在我们的理智。你的幽默力量是你，是你以愉悦的方式表现出来的你。它表达出你个人的真诚，你心灵的善良，你对别人、对生活的爱心。你能够真正掌握幽默这种力量，那么你也能够表现不平凡的作为，创造有意义的人生。"

而有人认为幽默只是一种轻浮，是巧舌如簧。这种人把生活搞得干涩而痛苦，他们不懂得幽默，也就从来不会实现精神上的超越。一个毫无幽默感的人，他一生中的困难最多，对自己、对别人的伤害也最大。

当然，如果幽默是攻击，是伤害，或是责备他人的武器，那么只会杀死别人的感情，最终也杀死自己的感情。这样的幽默是酸溜溜的，毫无可取之处，而你将在别人心目中变成一个干瘪而可怕的人。

所以，真正的幽默不仅是在严肃与趣味之间达到相宜的平衡，而且是要剥去虚假的"机智"，在爱与争取被爱的前提下去摆脱不健康的"情绪"，睁开眼睛看自己错误的想法、肤浅的观点和时而偏差的价值观，进而使我们的身心和周围的一切均衡地成长，实现更高级的文明。

不用多说，我们希望和幽默的人一起工作，我们愿意为具有幽默感的人做事。女士喜欢选择天性诙谐幽默的男人做丈夫，学生渴望老师把枯燥的学问讲得妙趣横生。同样，我们要求商场和工厂的经理人才具备幽默感，此外还有文学、音乐、绘画、雕塑、戏剧等等艺术，我们无处不是在追求幽默。

这一切足以说明，幽默是一种滋养文明的养料，它产生在人们的爱与争取被爱的基础上，是人们改善自己和面对生活困境时所产生的一种需要。

运用幽默达真正意图

克诺克先生来到一个陌生的城市，走进一家小旅馆，他想在那里过夜。

"一个单间带供应早餐，一天需要多少钱？"他问旅馆老板。

"各种不同的房间有不同的价格：二楼的房间是十五个马克一天；三楼的是十二马克；四楼十个马克；五楼的房间则只要七个马克，先生。"旅馆老板详细给他介绍。

克诺克先生考虑了几分钟，然后拿起箱子要走。

"您是觉得我这儿价钱太高了吗，先生？"老板问道。

"不，那倒不是。"克诺克先生回答道，"我只是嫌您的旅馆太低而已。"

克诺克先生之所以再三犹豫之后决定要走，很可能是因为嫌老板的定价过高，或者是自己囊中羞涩，但无论哪种原因，他都没有直接表露出来。当老板对他正面提出问题后，克诺克先生做出了很委婉的回答："我只是嫌您的旅馆太低而已。"我们都能看得出他背后潜含的意思：以自己的实际情况消受不起这么价格昂贵的待遇，这里也有暗暗贬讥老板贪心过重的意思。

虽然克诺克先生的回答不像常规方式那样袒露直率，但他说话方式的力度并未因此而减轻，而且立场明确，大有绵里藏针、以柔克刚之势。结果，由于借用了老板言语当中"价钱太高"之"高"的双关语义，反其道而用之，更令前后两句话相得益彰，妙趣横生。

在一家食品店里发生了下面这幅情景：

一个小男孩站在低低的柜台前面，凝视着一盒打开了的巧克力饼干。

"喂，小孩，你想干啥？"食品店老板跟他打趣问道。

"哦，没什么。"

"没什么？我看你好像是想拿一块饼干。"老板说。

"不，你错了！先生，我是想尽量不拿。"小男孩顽皮地回答。

老板不禁被小男孩的机智和可爱逗得哈哈大笑，于是送给他一盒饼干，作为"嘉奖"。

这位聪明的小男孩也正是利用了这种异曲同工的幽默技巧。本来他对美味望眼欲穿，馋得直流口水，但并不直说，而是直话曲说，"实话"巧说，表面上看去似乎是否定了老板的话，实际上等于将自己的意图变了个方式表达出来而已。

小孩子似乎很小的时候就学会以幽默力量来沟通，或借此达到目的。例如，小孩可能向父母要求一样他并不想得到的东西，以期得到他真正想要的东西。如下面这段对话：

爱丽丝："妈妈说不准我养狗。"

朋友："你不该这样直截了当地要。向你妈妈要个小弟弟，她就会买只狗来给你了！"

有时通过孩子，可以帮助我们看见自己的缺点，从而学到如何轻松面对自己。

周末，父子两人结伴到森林里露营。

"好了，很有趣吧？"父亲问。

"我想是吧，"儿子说，"只是下次，我们是不是可以带妈妈和番茄酱来。"

突破常规式样，达到幽默目的，一个人在做某件事的过程中，采用了一种有别于常规的方式或方法而达到了完全相同的目的。不仅仅生活中是这样，就是我们日常所离不了的交流工具——语言也有类似的情况。

而一旦我们将这种语言的特点运用到幽默当中时，它就成为一种很重要的幽默技巧。例如可以避开常规表达方式，而使用意味完全与之不同的另外一种语言模式来达到表达目的的幽默技巧。因此可以这样说，该种技巧之所以能够使整个幽默显得诙谐有趣，引人入胜，不在于它的雄辩，而在于它的构思新奇，不落俗套。

幽默表达仁爱之情

有时候，我们需要表达对他人的仁爱、同情和安慰，但是这种表达如果使用的方法不当，反而会使我们安慰的对象感觉我们是在可怜他们，因而使我们友善的表达收到相反的效果。这种时候，我们不妨运用幽默的方法，看看效果如何。

一个酷爱打保龄球的人说："我的医生说，我不宜打保龄球。"

他的朋友听了说："哦，他一定跟你较量过。"

对朋友的仁爱之情、安慰之意通过幽默的手法委婉曲折地表达出来，既不会对朋友自信心造成伤害，又很好地达到了自己的目的。在个性迥异或一时闹了别扭的亲情手足之间，貌似嘲笑的幽默关怀总是来得更有效，每每快捷地弥补着差异与裂痕，缩短双方的距离。

有一对夫妇吵得很凶，吵到后来，丈夫觉得后悔，就把妻子带到窗前，去看一幅不常见的景象——两匹马正拖着一车干草往山上爬。

"为什么我们不能像那马一样，拉上人生的山顶？"

"我们不能像两匹马一起拉。"妻子回答说。

"因为我们两个之中有一个是驴子。"

丈夫调整了的情绪改变着妻子尖刻妙语的原义，使它成为温情的表达："是的，我赞成。让咱们一起笑，别吵了。"幽默语言能化解人际关系的冰霜，增进人际的和谐，避免可能发生的冲突。幽默能帮助我们认识到：与社会和人生的重大问题相比，我们的某些忧虑显得微不足道，人与人之间的矛盾大多可以调解。如果我们能够轻松地看待那些日常小事，就可以免除许多不必要的紧张和忧虑。使自己心情舒畅，还能以此开导他人，调解争端。

某大公司的董事长和财税局有矛盾，双方很难心平气和地坐在一起，可是又必须把他们都请来，参加一个重要的会议。他们不得不来了，但是双方都视而不见，犹如两个瞎子。

这时会议主持人抓住他们的矛盾，进行了一瞬间的趣味思考。他向人们介绍这位董事长时，说："下一位演讲的先生不用我介绍，但是他的确需要一个好的税务律师。"

听众爆发出一阵大笑，董事长和财税局长也都笑了。

我们身处的是紧张运转的现代社会，繁忙的劳作再加上各种利益的纠葛，使得人们彼此间的矛盾冲突增多，日常生活的摩擦更是不断。如何放松紧张情绪，避免争吵，让自己摆脱处世的烦恼，确是极需考虑的。善于运用幽默力量的人对此就可轻松自如。

学会幽默的赞美方式

一个贫穷的青年热烈地爱上了一个漂亮的女郎，他对她说："梦中的女神，我愿意把我所有的财产放置于你的脚下。"女郎问："可是你没有多少财产啊！"青年答："你说的不错！但是比起你小巧玲珑的玉足来，它们就显得不少了！"

能把赞美的技巧发挥到这个程度，你该看到什么是最上乘的赞美手法了吧？

对方无论是男性、女性、前辈或者是同事，甚至后辈，最上乘的夸奖手法就是：我知道赞美对你不会发生作用，可是我还是忍不住要赞美你。

可是，也不能盲目地赞扬别人，不然，别人就会把你看成一个十足的马屁精。赞扬一个人时，必须一本正经，从内心里抱着真实的信念去做。

从另一方面来说，被赞美者是否要接受别人的赞美，也必须视不同的场合而定，有时可以接受，有时则不宜接受。当你对别人很亲切，或者因为帮助了别人而受到赞扬或感谢时，你总是会感到难为情，不过，如果你是一位男士，你就必须接受下来，以此显示自己的果断和风度，婆婆妈妈地推辞反而会让别人看轻你。不过，接受别人赞美往往也很难做到很坦然，难免会有尴尬之情，这时候，运用幽默的方式接受赞美就可以帮你减轻尴尬。

某一位男士丢了钱包，一个青年给了他二三十元买车票，及时救了燃眉之急。当对方频频地道谢之时，该青年以幽默的口吻说："哪里，这不算是大不了的事。只要我回到了家里，要多少就有多少。瞧！我家在开银行呢！"

来这么一个幽默,不但能够向别人展现出你的宽宏大量,而且,你自己也会感觉到非常的愉快。

劝导他人的幽默艺术

劝导,在我们工作、生活中随处可见。它犹如一盏明灯,使知识欠缺者增加见闻;它像一座警钟,使濒临深渊者迷途知返;它又好比一副清醒剂,使思想偏激者冷静思考;它更是一座友谊的桥梁,有助于交流双方的沟通和理解。

有位贪吃的太太,每天各种食品不离口,最后导致消化不良。她拖着肥胖的身体去求医,医生问明来由后点了点头,她问:"开点什么药最好?"医生除了开点助消化的药外,对她说:"我把塞万提斯的一剂名药也送给您吧。"胖太太很高兴:"太好了,是什么开胃药?"医生说:"饥饿是最好的开胃药。"胖太太会意地笑了。

医生用幽默的方式间接地劝导胖太太,避免涉及到与"胖"有关的话题,取得很好的劝导效果。要想劝导成功,除了手中有理之外,还要求方法要正确、巧妙,如巧用幽默、丝丝入扣、娓娓道来,则更能深入人心。

南唐的时候,税收很繁重,商人很头痛。京师地区连年大旱,民不聊生。一次,皇帝在北苑大摆筵席,对群臣说:"外地都下了雨,单单京城里不下雨,不知是什么缘故?"这时,伶人申渐高很幽默地说:"雨不敢进城来,怕抽税呀!"皇帝不禁大笑起来,随即废除了苛捐杂税。

申渐高言语幽默,将税收过重的害处揭示得淋漓尽致。这对皇帝来说无疑是一副清醒剂，让皇帝在笑声中醒悟过来。幽默地劝导别人，要尽量顺着对方的意思说，使对方领悟到你是自己人，从而乐于听你的话，接受你的观点，劝导取得成功的可能性就更大。

幽默安慰他人的艺术

在日常生活中，朋友之间在闲聊时，把幽默的言语作为一种调料的互相安慰对增强彼此的自信心很有帮助。生病的人最需要安慰，安慰病人也确实有些讲究。说些善意的祝愿如"好好休息吧，你不久一定会康复的！"或直接询问病人的详细病状和调治方法，都不能算真正的安慰。那么，怎样才能给病人很好的安慰呢？某人因工作劳累生了病，卧床不起，他的朋友说："你多么幸运啊，唯愿我也生点病，好让我也能安静地躺在床上休息几天。"类似这种用幽默的语言安慰病人的方法，往往会取得良好的效果。

有人去探望一年中因旧病频频复发而第五次住院的老朋友，以自己战胜病魔的经过化作风趣的现身说法：

"这家监狱（医院）我非常熟悉，因我曾经是这里的'老犯人'，被'关押'在此总共12个月，对这里的各种'监规'了如指掌。我'沉着应战'，毫不气馁。有时，我自己提着输液瓶上厕所，被病友称作是'苏三起解'；有时三五天不吃饭，被医生称作为'绝食抗议'；有时接连几天睡不着觉，就干脆在床上'静坐示威'。300多个日日夜夜，我就这样'七斗八斗'斗过来了。如今我不是已经'刑满释放'了嘛！你尽管是'五进宫'，只要像我这样'不断斗争'，就一定会大获全胜！"

这番话说得老朋友和同室病人都乐了，大家的心情也都轻松起来，老朋友的病也似乎感觉轻了几分。看来，探病时的交谈十分需要幽默，因为被病魔缠身的人格外需要欢快的笑声。

即使在人世间最大事件的死亡场合中，严肃而带幽默感的说辞，仍是最大的学问。丧葬的不幸事情，对任何人而言，皆是悲哀的事。如果前往丧家慰问时过于死板、正经的话，不但在他人的眼中变成虚伪的家伙，自己也未免觉得自己过于肉麻。此时就要利用到诸君的幽默感了。当然以下的言辞也是诸君所必须学习的。

我以为他度过险境，正在为你们庆幸时，没想到却……
什么？那样一个大好人竟然……真是太叫人意外了……
我觉得失去了一位优秀的导师……
真遗憾，就像失去了左右手一般……
我已经没有办法可以报答他的恩惠了。
日后您的责任更重大了，如果需要我帮忙的话，请您尽说无妨……

至于奠仪，只要是不高得离谱的话，不妨比一般的"行情"稍提高一点。假如一般"行情"三百元，你无妨送五百元；如五百元的话，就送一千元。对于某个在奠仪方面显得相当阔绰的男子，朋友曾经询问了他的理由。想不到，他竟然妙趣横生地回答："噢！你问这个啊，那是在下的一种嗜好！"这个人真是懂得人生最大的幽默呢！不过，如果我们在让他人欢笑的同时又能够让他人感动，那就更有意义了。

拒绝他人的幽默技巧

毕达哥拉斯说过：使用最短、最老的字——"好"或"不"——需要最慎重的考虑。

想想看，当你必须说"不"时，你有多少次说了"好"？你是不是怕拒绝伤害别人的感情所以很快地、本能地说了"好"，等到事后又后悔自己的所作所为？你是不是个只会说"好"却又不能照顾自己，整天带着叹息与别人相处的人？

明朝郭子章所著《谐语》里说，有朋友求在朝中当官的苏东坡为他谋个差使，苏东坡就幽默地回绝了他。苏东坡对来求他的这个朋友说："以前有个盗墓人，掘了第一个墓，内为一个赤身裸体的人，是主张裸体下葬的王阳孙；掘了第二个墓，掘出了汉文帝，这个皇帝是不准随葬金银玉器的；第三个墓里掘出了饿死在首阳山的伯夷；盗墓人还想继续掘第四个墓，伯夷说：'别费心了，我弟弟叔齐也无门路！……'"有所求的人听了这个故事，知趣地走了。

可见回绝也需要幽默。无论别人对你的要求是听从还是反对，你都有权力说"不"，只有这样，你才能顾及自己的实际情况，同时以真诚的态度面对对方。索尔仁尼琴的小说《癌症楼》上有下面这样一段对话：

薇拉·科尔尼利耶夫娜宣布说："科斯托格洛托夫，从今天起您担任病房里的组长。"

科斯托格洛托夫态度非常友好地说："薇拉·科尔尼利耶夫娜！您是想让我在道义上蒙受不可弥补的损失。任何一个当官的都免不了要犯错误，而有时还会权迷心窍。因此，经过多年的反复思考，我发誓不再担任什么行政职务。"

"那就是说，您曾经担任过，对吗？而且，职务还挺高，是吧？"

"最高职务是副排长。不过实际职务还高些。我们的排长因为实在迟钝和无能被送去进修，进修出来之后至少得当个炮兵连长，但不再回到我们炮兵营。因为我是个挺棒的测绘兵，小伙子们也都听我的。这样，我虽然只有上士军衔，却担任了两年代理排长。"

"既然是这样，您何必推辞呢？如今这差使也会使您满意的。"

"这真是妙不可言的逻辑——会使我满意！而民主呢？您岂不是在践踏民主原则：病房的人又没选我，选举人连我的履历也不知道……顺便说说，您也不知道……"

富有幽默感的科斯托格洛托夫是一个懂得拒绝的人。他婉言谢绝了薇拉要他担任临时的病房里的组长的建议。他首先摆出自己谢绝的理由，并让被拒绝者完全认同了这些理由。总之，好的婉言谢绝往往产生幽默的笑声。而当你带着幽默的态度去拒绝自己力不能及的事情的时候，很自然地就会产生委婉曲折富有说服力的幽默故事。在一个酒吧里，两位朋友的谈话如下：

甲："威士忌加点水，好吗？"

乙："谢谢！我可以喝点别的饮料吗？"

甲："当然可以。不喜欢威士忌吗？"

乙："我好像还没有品尝出威士忌的妙处，大概是还没长大吧！"

甲："那么，要喝点什么？"

乙："我喜欢凤梨这些水果掺在一块的杂锦果汁。"

会话在轻松的气氛中进行，自然能够酿出快乐的氛围。虽然是同样的意思，如果说"这个我不喜欢"或是"那个我不喜欢"，感觉上则相差甚远。

一个人要会说"好",也要在该拒绝的时候会说"不"。不会说"不",你就不是一个人格完整的人,你会变成一个不情愿的奴隶,你会成为别人的需要和欲望下的牺牲品。

批评他人的幽默艺术

有时候,人与人之间难免会发生正面的碰撞和冲突。这样的冲突大致可分为两种:无意的冲突和蓄意的挑衅。对这两种不同的情况,我们应该进行有区别的对待。在大多数情况下,冲突是无意中引起的,这时我们就可以用幽默的、与人为善的方式对冒犯者进行温和的批评。

一位刚刚学会骑自行车的小伙子,骑车时见前边有个过马路的人,连声喊道:"别动!别动!"

那人站住了,但还是被他撞倒了。

小伙子扶起这个不幸的人,连连道歉。那人却幽默地说:"原来你刚才叫着'别动,别动'是为了瞄准我呀!"

像上面这个例子中的情况,我们在日常生活中会经常碰到。过马路的人被骑车的人撞倒了,还有心思与骑车的人开个玩笑,这并不是回避、无视生活中出现的矛盾,而是以幽默的方式展示一种温和的批评,表现出的是一种很高的修养。借幽默的友爱之手,我们就能巧妙地化解掉生活中的各种矛盾。从心理根源上来说化解矛盾的关键是养成那种与人为善的友爱的心态。很多的幽默故事都体现了人们对人与人之间友爱的呼唤,让我们看看下面这个幽默故事：

在电影院里，一名年轻男士在摸黑上过厕所后，来到了某座位外端的女士旁边，对她说："刚才我走出去的时候，是不是踩过你的脚？"

坐在最外端的女士很厌烦地回答道："那还用问吗？"

这样，那名年轻男士赶紧说："噢！那就是这排了！真对不起，我有严重的近视……请让我为您擦擦鞋吧……"

女士马上表示没什么，说自己擦就可以了。

从这个幽默故事中我们可以看出，如果你冒犯了别人，对方在乎的可能不是你是否会赔偿他的损失，而是你对自己所做错事的认错态度。所以，当错误在你时，你只要诚实地低下头，用幽默的方式向别人道歉，让对方感受到你表达歉意的一份诚心，相信大多数时候别人也会对你表示友善的谅解。

而且幽默的道歉也要注意时机，一般情况下，正在发脾气的人，由于火气上升，有时候会丧失理性。在这个时候，如果你保持安静，不去惹他，他就可以慢慢地恢复平静。当对方在谩骂不休之时，你千万不要抱薪救火，故意去逗他，只有这样他暴怒的火焰才会慢慢熄灭。

幽默地表达内心不满

说出来的话，所表达的意思与字面完全相反，就叫正话反说。如字面上肯定，而意义上否定；或字面上否定，而意义上肯定。这也是产生幽默感的有效方法之一。使用这种方法能够在不直接指明对方错误的基础上，使他们自我反省并认识自己的错误。

在面对面的交流中，这种幽默技巧有广泛的使用空间。

丘吉尔为了出席在宫殿举行的演讲，超速开车，以致被一名年轻警员逮住了。"我是丘吉尔首相。"丘吉尔不慌不忙地说。"乱说，你一定是冒牌货！"警官这么一说之后，大英帝国的首相谢罪了。他说："你猜对了！我就是个冒牌货！"

这么一来，警官面露微笑，放过了这位世界上著名的伟人。

丘吉尔在一本正经表明身份的时候，被警官怀疑。然后，他就换了一种方式，正话反说，这样反而使警官摸不清虚实，使得警官抱着一种"宁可信其有，不可信其无"的心态放过了他。

这种正话反说的幽默技巧不仅被今人广泛使用，其实古人中的智慧者很久以前就已经能够成熟运用这技巧了。

秦朝的优旃是一个有名的幽默人物。有一次，秦始皇要大肆扩建御园，多养珍禽异兽，以供自己围猎享乐。这是一件劳民伤财的事，但大臣们谁也不敢冒死阻止秦始皇。这时能言善辩的优旃挺身而出，他对秦始皇说："好，这个主意很好，多养珍禽异兽，敌人就不敢来了，即使敌人从东方来了，下令麋鹿用角把他们顶回去就足够了。"秦始皇听了不禁破颜而笑，并破例收回了成命。

优旃的话表面上是赞同秦始皇的主意，而实际意思则是说如果按秦始皇的主意办事，国力就会空虚，敌人就会趁机进攻，而麋鹿用角是不可能把他们顶回去的。这样的正话反说，因为字面上赞同了秦始皇，优旃足以保全自己；

而真正的含义，又促使秦始皇不得不在笑声中醒悟，从而达到了他的说服目的。

幽默表达要讲究适度

培养起一定的幽默感并不是很难，但是要做到恰当地把握好幽默的尺度，并不是一件容易的事情。过分的幽默往往会使人产生古怪的感觉，尤其面对刚开始交往的人，你滔滔不绝，笑话连篇，表现出很风趣、很有才华的样子，只会让人反感，让人觉得你过于油嘴滑舌、轻飘虚伪，喜好卖弄自己。

凡事均要讲适度，幽默亦如此。在生活，适时适地运用幽默，才能使相互之间的关系更加和谐、亲密。这在那些旨在纠正他人的幽默技巧中表现得更为明显。这里就幽默的使用，有三个忠告。

第一个忠告是：幽默勿以讥刺他人为乐事。

苛刻的幽默很容易陷入残忍，使他人受到伤害，陷于焦虑之中。通常，讥讽、责怪他人的幽默，也能引人发笑，但是它却常常造成意想不到的后果，使本应欢乐的场面变得十分难堪。

一位中学教师到某地出差时，拎了一兜香蕉去看望一个多年未见、新近升为副处长的老同学。老同学心宽体胖，雍容富态，开门见是同窗好友，一边让进屋，一边指着他手中的提兜戏谑道："你何时落魄到走门子了？本处长清正廉明，拒绝歪风邪气腐蚀贿赂。"一句讥讽的调侃，使教师自尊心受了伤，他顿生反感，扭头就走了。

显而易见，幽默既不等同于一般的嘲笑、讥讽，也不是为笑而笑，轻佻造作地贫嘴耍滑。幽默是修养的体现，它与中伤截然不同。幽默笑谈是美德，恶语中伤是丑行，真正好的幽默是真情实感的自然流露，是严肃和趣味间的平衡，它以一种古怪的方式激发出来，却经常表现出心灵的慷慨仁慈。

带有嘲讽意味的幽默极易冒攻击他人的危险，而达成目的的机会也很小，下面就有一个例子：

某饭店服务员小王不爱刮胡子，多次被批评，但积习难改，于是主管找他谈话。这位主管劈头就问道："小王，想一想，你身上最锋利的是什么呀？"小王愣了一下，掏出水果刀说："就这把水果刀了。"经理摇头："不见得，我看倒是你的胡子。"小王不解："为什么？""因为它的穿透力特别强。"（潜台词：你的脸皮特别厚。）小王反应过来以后，脸气得通红。

由于讥讽幽默的严重负效应，我们在使用幽默对别人进行批评时就要进行严格的推敲，以免使接受者产生被嘲笑、被捉弄的感觉。

第二个忠告是：恶作剧有时可以产生幽默效果，但使用时要注意分寸。

恶作剧似乎并不是什么犯罪的事，但有些恶作剧只要分析其潜在意识，就可以发现其中包含着憎恶及攻击性的心理。例如有个男的，有一次，他在某位同事的抽屉内悄悄地放进避孕器具。或许他只是想开开玩笑，但深刻剖析他的潜意识，他的行为却反映出他下流的心态。

过火的恶作剧很伤人。所以，恶作剧一定要止于天真无邪的玩笑才行，也只有如此才不会伤害到他人的自尊。善意的恶作剧，幽默情趣很浓，自然能给平淡的生活带来清新的空气，让人开心；但捉弄人的不怀好意的恶作剧，不但令人生厌，而且影响人际关系。

好莱坞有一批专爱捉弄人的演员，开起玩笑来无所顾忌，令人瞠目结舌。

时常有人用装有火药的雪茄请朋友抽，吓得对方魂飞魄散，这样的恶作剧虽然能让他们在紧张繁乱的工作中解脱出来，放肆地大笑一场，却使被戏弄的对象十分不快。

笑有愉悦功能，也有惩罚功能。嘲讽的笑是典型的惩罚的笑，而恶作剧的笑正是惩罚的笑的一种形态。用弗洛伊德的话来说，恶作剧就是平时压抑的情感与欲望得到了发泄。

第三个忠告是：幽默可能会产生良好的效果，但前提是要把握好幽默的投施量。

一句幽默的妙语可以为沟通带来契机和轻松的气氛，但是川流不息的妙语、笑语、警句、讽喻，却只能阻塞沟通。因为"幽默轰炸"通常都会导致思维紧张，使人不知如何是好。试问有谁能不间断地承受强烈的幽默呢？

幽默其实是一柄双刃剑，在我们运用时机、地点乃至言词不当时，都可能伤害别人的自尊与情感。如果幽默不能为人酿出欢娱，却强加给人怨愤、痛苦，这是令人遗憾惋惜的事情。我们应该学会怎样避开幽默的禁区。

记住：幽默并不是万能的。这是一朵带刺的玫瑰，是一片风光旖旎的雷区，任何轻率、莽撞的行为都将饱尝苦果，使潇洒轻松走向它的反面。

巧用敌意幽默表达内心感受

你不一定要像演员那般去"表演"。任何时候、任何地点，你都站在人生的舞台上，你都能将心底所想表现出来，解决你的困难、怨恨、痛苦和困窘。更重要的是，你也能够帮助他人，让他们看到如何将个人的困扰表现出来。

这说来似乎有点矛盾，但敌意的幽默的确能提供某种关怀、情感和温柔——只要你能将它转变成下面这个例子中的情况：

塔索走到邻居门口，手里握着一把斧头，说："我来修你的电唱机了。"

塔索并不想把邻居的电唱机砸坏，他只是恰当地表达了对邻居太嘈杂的音响的不悦，而不是对邻居大发雷廷。他的行为似乎是对邻居说："我喜欢你，我关心你，我希望和你好好相处。因此，可不可以请你把电唱机的声音关小一些？"

你不一定要找个道具如斧头，才能将意思表达出来。只要试着把你自己和你自己的感受放进你的幽默中，作为幽默力量的来源，就可以达到幽默的效果。

事实上有关幽默力量的许多矛盾之处，都显示我们只有对所爱、所关心的人运用幽默时，才能把似乎敌意的幽默有效运用，从而产生好的结果。这类幽默与其称为"敌意"，不如称作"损人"更恰当些。损人的幽默常常以女性为对象。

公司里的职员有时开玩笑说到太太们的奢侈。例如某公司的职员威廉说："就算皮包里层是捕蝇纸做的，我太太的钱也不可能留在皮包里。"

这个玩笑表面上看来似乎很损人，但是我们可以从另一面来解释，威廉其实很爱自己的太太，也以她为荣，认为自己的太太比别的妇女穿着更好，更具魅力。他以戏谑太太的奢侈来表示对太太的爱和骄傲，并且以此代替夸耀。

当然，不是让大家多加使用或经常运用这类损人的幽默。我们强调的是将这类幽默转变为幽默力量，来帮助我们把内心的温暖表达出来。表达内心的感受，能使我们和他人免于战火。当我们把内心负荷过重的事情表达出来时，就能卸除心头的紧张而不致引起怨憝。

幽默力量可以避免战火爆发，卸除心头重担！例如话题谈到性教育时，你也许可以引用兽医杰克的一段话。

有人问兽医杰克为什么兔子比松鼠多时，杰克回答道："你可曾想过在树上交配吗？"

或者你也可以这样说："我们的孩子也应该和我们从前一样去学习性知识——从厕所墙壁上。"

这句带有讽刺意味的妙语，能帮助他人了解并接受你话中的含意："有性教育总比错误的性知识来得好。"

人的一生追求的是事业上的成功，这一点对任何人来讲都是同样的。幽默不仅可以化解敌意，同时也是成功的阶梯，通过幽默达到事业顶峰的事例很多很多。

在英国肯特郡的一个法庭上，一位名叫琼斯的妇女正与丈夫闹离婚，其理由是她丈夫有了外遇。

法官问道："琼斯太太，你能不能告诉法庭，与你丈夫私通的'第三者'是谁吗？"

琼斯太太爽快地说："当然可以，她就是臭名远扬、家喻户晓的足球。"

法官听后哭笑不得，只得劝道："足球非人，你只能控告足球生产厂家！"

谁知琼斯太太果真在法庭上指控了一年生产 20 万只足球的宇宙足球厂。更出乎意料的是，琼斯太太居然大获全胜。该厂赔偿了她孤独费 10 万英磅。

足球厂老板说："琼斯太太与丈夫闹离婚，正说明我厂生产的足球的魅力，而她的控词给我厂做了一次绝妙的广告。"

这则《绝妙的广告》再次证明了幽默是通向成功的金光大道。

有时我们也能以有趣且有效的方式来运用敌意的幽默，因为当我们把自己放进其中时，原本敌意的幽默也就变得没有敌意了，这时我们就可以如教育学家和心理学家所说的"表现于外"了。

借对方的话为自己观点服务

幽默可以从借对方的话来为自己服务中产生。这就是所谓的借别人的梯子，登自己的楼。反映在生活中，就是借助对方所说的话，巧妙地为自己服务，二者的话语前后不协调，并且出乎对方意料，幽默就轻松产生。

达尔文应邀出席一次盛大的晚宴。宴会上，他的身边正好坐着一位年轻美貌的小姐。

"尊敬的达尔文先生，"年轻美貌的小姐带着戏谑的口吻向科学家提问，"听说您断言，人类是由猴子变过来的，是吗？那么我也应该是属于您的论断之内的吗？"

"那是当然！"达尔文望了她一眼，彬彬有礼地回答，"我坚信自己的论断。不过，您不是由普通的猴子变来的，而是由长得非常迷人的猴子变来的。"

美丽的小姐想戏谑一下达尔文，以自己的美貌为手段去怀疑达尔文的进化论，意思是"猴子能变得这么美吗？"达尔文却借她的美貌做出回答——"你不是美吗？自然是迷人的猴子才能变成这样。"从而巧妙地维护了自己的进化论，并且诙谐风趣。

在日常生活中，你经常会遇到这种情形。只要充分调动起你的思维，就既能让你的聪明才智得到发挥，又能让你的实际目的达到，这才是最重要的。幽默的最高境界即在于此。下面的这个例子也很好地说明了这一点。

德国有个倒卖香烟的商人到法国做生意。一天，在巴黎的一个集市上他大谈抽烟的好处。

突然，从听众中走出一个老人，径直走到台前。那位商人吃了一惊。

老人在台上站定后，便大声说道："女士们，先生们，对于抽烟的好处，除了这位先生讲的以外，还有三大好处哩！"

德国商人一听这话，连向老人道谢："谢谢您了，先生，看你相貌不凡，肯定是位学识渊博的老人，请你把抽烟的三大好处当众讲讲吧！"

老人微微一笑，说道："第一，狗害怕抽烟的人，一见就逃。"台下一片轰动，商人暗暗高兴。

"第二，小偷不敢去偷抽烟者的东西。"

台下连连称奇，商人更加高兴。

"第三，抽烟者永远不老。"

台下听众惊作一团，商人更加喜不自禁，要求解释的声音一浪高过一浪。

老人把手一摆，说："请安静，我给大家解释。"商人格外振奋地说："老先生，请您快讲。"

"第一，抽烟人驼背的多，狗一见到他以为是在弯腰捡石头打它哩，能不害怕吗？"台下笑出了声，商人吓了一跳。

"第二，抽烟的人夜里爱咳嗽，小偷以为他没睡着，所以不敢去偷。"

台下一阵大笑，商人大汗直冒。"第三，抽烟人很少长命，所以没有机会衰老。"台下哄堂大笑。此时，大家一看，商人已不知什么时候溜走了。

这则幽默一波三折，层层推进，一步一步把听众的思维推向迷惑不解的境地，在把听众的胃口吊得足够"馋"时，才不慌不忙地表达出自己的意思。按照惯常思维，抽烟是应该遭到反对的，因为抽烟的危害人所共知，当老人一言不发地走向大谈抽烟好处的商人时，一般会认为老人要提出反对意见，而老人却也大谈抽烟的好处。商人和听众一样大惑不解,因而急切地想知道原因。最后,老人以幽默的话语做了妙趣横生的解释,既让听众开心,又让听众从商人的欺骗性话语中走出来,意识到抽烟的危害性。因为他所说的三条好处其实正是抽烟的危害之所在。同时,正面揭露了商人的谋利目的。

充分运用别致幽默的力量

有时候我们在工作或生活中需要肯定地表达自己的观点。当问题已经十分明显,这时再坚持"多一事不如少一事",就是懦弱的表现。我们在受到某种不合理的阻挠或不公正的待遇时,不妨哇哇叫几声,这也是在运用幽默的力量。

有一家公司的餐饮部,伙食很差,收费昂贵。职员们经常抱怨吃得不好,甚至也骂骂餐厅负责人。有一回一位职员买了一份菜后叫起来。他用手指捏着一条鱼的尾巴,把它从盘子中提起来,冲餐厅负责人喊道:"喂,你过来问问这条鱼吧,它的肉上哪儿去啦?!"另一位职员要的是香酥鸡,他发现没有鸡腿,于是他也叫起来:"上帝啊!这只鸡没有腿!它怎么跑到我这儿来了呢?"

同样,当别人妨碍你的工作时,你也可以提高嗓门回敬他一个幽默。

有一位女乘客不停地打扰司机,车子每行一小段路程,她就提醒他,说她要在某个地方下车。司机一直很耐心地听着,不吭声。后来女乘客大叫:"你不说话,我怎么知道要下车的地方到了没有!"

司机也叫起来:"那你就看我的脸吧!我的脸笑开了,你就下去吧!"

著名电影导演希区柯克有一次拍摄一部大片。这部大片的女主角是个大明星,大美人。可她对自己的形象"精益求精",不停地唠叨摄影机的角度问题。她一再对希区柯克说,务必从她"最好的一面"来拍摄,"你一定得考虑到我的恳求"。

"抱歉,我做不到!"希区柯克大声说。

"为什么?"

"因为我没法拍你最好的一面,你正把它压在椅子上!"

相反,有时候恰到好处的沉默也是一种幽默。沉默的幽默使人心领神会,也能解决问题。

喜剧演员兼歌星艾迪·康特,有一次在一所退伍军人医院里表演。他把病人们逗得哈哈大笑,可他突然刹住节目,戴上帽子,一声不吭地走了。

病人们眼巴巴地盼他回来,直到第三天,他才出现在门口。

"诸位想我吗?"他向病人们发问道。

"想!"病人们一起喊道。

许多外交家和政治家都千篇一律地使用着一个略带幽默的外交辞令——"关于这一点我无可奉告"。这句话表示:我的态度是沉默。至于为什么沉默,你们去猜吧。它可能是确实不了解情况,也可能不想披露实情,或者是不想再复述一遍众所周知的事情。总之,沉默具有丰富的内涵,如果你使用恰当,也能展现幽默的力量。有时候它比有声的幽默更见效果。

第2章
幽默使你成为人脉领域的王者

幽默是人际交往中的磁石，可以将你周围的人吸引到你身边来；幽默是一座桥梁，是沟通人心灵的桥梁；幽默也是转换器，可以将痛苦转化为欢乐，将烦闷转化为欢畅，每个人都喜欢与机智幽默的人做朋友，而不情愿与忧郁沉闷、呆板木讷的人交往。幽默让你在生活中聚集人气从而为你事业的成功打下良好的基础。

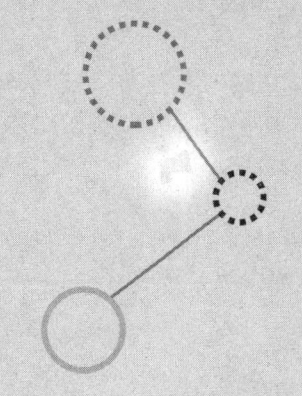

幽默是人际交往中的磁石

在社会生活中，幽默是无处不在的。幽默是语言的润滑剂，如果你善于灵活运用，必将为你的生活带来无穷的乐趣。

幽默是人际交往中的磁石，可以将你周围的人吸引到你身边来；幽默也是转换器，可以将痛苦转化为欢乐，将烦闷转化为欢畅，每个人都喜欢与机智幽默的人做朋友，而不情愿与忧郁沉闷、呆板木讷的人交往。

荣耀美国的十大销售高手之一的甘道夫博士曾说："销售是2%的产品知识和98%的了解人性。"美国《EQ》一书的作者高曼博士说："成功来自80%的EQ(情商)和20%的IQ（智商）。"可见了解人性、善于沟通、幽默口才才是成功的关键所在。我们经常会诧异，为什么有人那么受人欢迎而有人却那么受人鄙弃？问题就出在"懂不懂得销售自己"了。

希望自己更受大家的欢迎就要懂得适时地幽默一下，更要懂得将幽默摆在严肃的前面。

某大学植物系有一位植物学教授，开的课虽然是冷门课程，但只要是他的课，几乎堂堂爆满，甚至还有人宁愿站在走廊边旁听，原因并不是这位教授专业知识有多傲人，而是他的幽默风趣风靡了全校园，使得学生们都喜欢上这位教授的课。

有一次，该教授带领一群学生深入山区做校外实习，沿途看到许多不知名的植物，学生好奇地一一发问，教授都详细地回答解说，一位女同学不禁停下了脚步，对着教授赞叹地说："老师，您的学问好渊博呀，什么植物都知道得那么清楚！"教授回头眨了眨眼，扮个鬼脸笑道："这就是我为什么故意走在你们前头的原因了,只要一看到不认识的植物,我就'先下脚为强',赶紧踩死它,以免露馅!"学生们听了个个笑得前俯后仰,可见,这次实习之旅是一趟充满了笑声的愉悦之旅。

当然,教授只是开个玩笑,幽默一下而已,这就是他受学生欢迎的原因。

在人际交往中,冷漠的脸孔总是让人敬而远之,而微笑热情的面容总会让人有亲近的愿望。总板着"八点二十"苦瓜脸的人是不会被人欣赏和欢迎的,而拥有充满笑容的阳光脸的人会使人感觉与他成为朋友是一件让人愉快的事。

日本说话艺术的专家福田建先生,曾提出一个生活实验报告:"笑容可以招来笑容。"意思是说,当我们以笑脸对着别人时,别人也会以笑容回报,所以有人认为:"笑是一种可爱的传染病,被它感染了不但浑身舒服,还快乐无比呢!"福田建还说:"'笑脸迎人'不但是一剂人际关系的万能药,还是一剂最好的特效药。"我们不也常说"笑脸迎人,就是菩萨"吗?请记住常葆微笑、幽默对人,对人对己都是好处多多。

除了一张微笑的脸之外,受人欢迎还需要有一颗关心体贴别人的心。

曾经有一位病人牙疼去看牙医,牙医看了看后说:"这颗牙已经严重蛀坏了,无法做根治,需要整颗拔掉!"病人问:"请问拔一颗牙要多少钱?"牙医回答说:"600元。"病人一听大吃一惊地说:"什么?拔一颗牙只需短短几分钟就要收600元!"牙医笑道:"如果你要慢慢地拔也可以,我可以慢慢地帮你拔,拔到你满意为止。"

在适当的场合,幽默口才可以使你更容易让人亲近,可以消除初次见面的尴尬与不安,可以使紧张的心情松缓下来,从而使你更受别人的欢迎。

带来笑声的人更受欢迎

女喜剧演员卡洛柏妮,有一次坐在餐厅里用午餐。这时,一位刁钻古怪的老妇人走向她的餐桌,当着许多人的面用手摸摸卡洛的脸庞。她的手指滑过卡洛的五官,然后带着歉意说:"对不起,我摸不出有多好。"

"省下你的祝福吧!"卡洛说,"我看起来也没多好看。"

老妇人又仔细看看她五官,说:"不错,是没多好看。"

这时卡洛笑起来,说:"又摸又看的,新的也变旧了。"

在场的人不由得全笑了。

卡洛不愧是喜剧演员,她的神色自若是来自心理上的平衡。

如果我们想在社交生活中给人好印象,就得像卡洛那样,把自己活泼的生命带进这场合中去。一个面带怒容、缺乏幽默或是神情忧郁的人,是不会比一个面露微笑、看起来健康快乐的人更受人欢迎。

纽约一家著名时装公司董事长史度兹曾经说过:"世界上最美妙的声音就是笑声。它比任何音乐或娓娓情话都美妙。谁能使他的朋友、同事、顾客、亲人们发出笑声,那么他就是在弹奏无与伦比的音乐。"

可以说,一些好的幽默的行为,相当于好的仪态举止。它把我们的内部和外部融合起来,令我们在社交生活中获得成功。

要运用你的幽默力量去主动与人交往,在与人接触的最初一刹那间,幽默就已经帮助你把自己的壳打碎了。比如你要去参加朋友的宴会,祝贺他乔迁之喜。而主人有点紧张,其他客人又都沉默寡言。这时你可以说:"各位,这新屋的主人请我来的时候告诉我,让我用手肘按门铃。我问他,为什么非要用手肘不可,他说你总不致于空手来吧!"如果餐桌上的主菜难以下咽,爱挑剔的客人又在批评哪种佐料放多了，这时你插嘴说："这道菜的味道跟我在一家法国餐厅吃过的菜一样，厨师管那道菜叫'热情什锦锅'，他把厨房里有的东西全放进去了。"

要是出现了令人尴尬的时刻，我们应该用幽默去应付尴尬。

有一位女孩，在她的订婚宴会上，希望给未婚夫的亲戚们留下好印象。她微笑着走进宴会厅，不料绊倒了一座落地灯，灯弄翻了小桌子，她正好跄跌在小桌子上，跌了个四脚朝天。她立刻跳起来，站直了说："瞧！我也能够玩扑克牌把戏！"

她这样做使尴尬的场面一下子扭转了，而且，她也给人留下了聪明、大方、对自己充满信心的好印象。仅这一件小事，人们就已充分了解了她的能力。

一位名诗人和一名将军参加一个阔太太举行的宴会。他俩同是这个宴会的重要宾客，女主人极力要向人们显示：这些知名人士都是她的朋友。她一会儿炫耀自己同将军的关系，一会儿又炫耀她对诗的造诣有多深。而将军并不喜欢诗人，对他表示冷淡。每当女主人谈到诗时，将军就皱起眉头。宴会进行到一半的时候，女主人宣布说："我这位诗人朋友现在要为我作一首十四行诗，并且当场朗诵。"

聪明的诗人立即推辞说："哦，不，好心的太太。还是让我们的将军来发一枚炮弹吧！"那位将军一下子高兴起来，端起酒杯，提议跟诗人碰一杯。此后一直到宴会结束，将军和诗人谈得非常投机，他们风趣、诙谐的谈笑吸引了所有宾客。

这样的例子太多了。几乎每一个杰出的外交家，他们的性格中都有一种不可缺少的东西，即幽默感。这一点使他们以最敏捷的方式进入了社交圈子，并一下子成为主要角色。他们谈笑风生，妙语连珠，在语言的海洋中如鱼得水。你不必等当上国会议员或驻某国大使再去运用幽默的力量，因为即使在你那小小的一隅天地里，你也有一个发展人际关系的问题。除非你很爱好自己那个壳，你只想做一个独来独往的孤家寡人，那样，你的一生只有请上帝来保佑了！

幽默是调节情绪的"润滑油"

有一次，著名作家马克·吐温在法国旅行，在去迪照恩的火车上，他十分困倦，打算睡上一觉。因此，他请求列车员在火车到迪照恩时把他叫醒。

他首先解释说他是一个非常嗜睡的人，"当你叫醒我时，我可能会大声抗议。"他对列车员说，"不过，无论如何只要把我弄下车去就行了。"

于是，马克·吐温睡着了。

当马克·吐温醒来的时候，已经是深夜，并且火车已经到了巴黎。他立刻意识到列车员在迪照恩时忘记把他叫醒了，他非常生气。

他跑向列车员并冲他大声嚷道："我一生从来没生过这样的气，也没发过这样大的火。"

列车员平静地看看他说："你的火气还没有我在迪照恩推下去的那个美国人的一半大呢！"

列车员的幽默，让我们在快乐中原谅了他的粗心大意。难怪有人认为"男人情愿承认自己犯了叛国罪、谋杀罪、纵火罪，装了假牙，戴了假发，也不愿意承认自己缺乏幽默感。"甚至有人认为："对于一个有幽默感和两条腿的人来说，如果不能两全，最好是失去一条腿。"

可见，幽默在文明社会中已经成为人们精神生活的一个重要方面。越来越多的人在谈论幽默和探讨幽默，使用幽默，感受幽默。那么幽默具有什么特性呢？

幽默到底是什么？是欢笑、娱乐、快感？是荒诞、滑稽、诙谐？是揶揄、嘲弄、戏谑？这些都与幽默有关，都能在一定的条件下引发幽默感，但它们又都不能等同于幽默。那么幽默是什么呢？这个问题难倒了古往今来许多大哲学家和思想家。难怪有人说，幽默像大西洋百慕大三角区那样神秘，像达·芬奇笔下蒙娜丽莎的笑容那样微妙，像数学领域中哥德巴赫猜想那样深奥。

这样说来，笑的确是调节人们感情和情绪的"润滑油"。在一个公司或一个家庭，当人们工作紧张都有了疲劳感时，同事中或家庭成员中如有人出来讲段幽默故事，室内空气立即就会变得轻松活跃。这里有这样一则幽默故事：

三个人在争论何种职业最先出现在这个世界上。

一位医生说："当然是医生这一行，因为上帝是最伟大的治病家。"

第二个是工程师，他说："不，是工程师最早，因为《圣经》上说，上帝从混沌之中创造世界。"

第三个是位政治家，他说："不，你们两位都错了，是政治家最早。你们想那混沌的状态是谁造成的？"

笑在社会生活中，不仅对人体健康有益，而且笑在人群中可以增进友谊，缓冲矛盾，消除隔阂。笑还是增进友谊的桥梁和纽带，我们来看下面这个幽默。

马克思与诗人海涅有着十分深厚的友情。有一年，马克思受到法国当局的迫害，便匆匆忙忙离开了巴黎。临行时，他给海涅写了一封信，信中说："亲爱的朋友，离开你使我痛苦，我真想把您装到我的行李中去。"

把人装到行李中去这是不可能的事，马克思在同海涅开玩笑，与对方开这种玩笑，显示了两人的珍贵情谊。

这样说来，幽默确属引发笑声的艺术，在各式各样幽默作品面前，人们笑得那么开心，笑得前仰后合，笑得泪流不止。人们向往着欢声笑语，所以，我们绝不可以小看了"哈、哈、哈……"大笑几声的作用。

幽默并不是讲笑话，它比笑话更有深度，产生的效果比笑话更强，比哈哈大笑或咧嘴一笑更能得到回报。幽默也不一定要引人发笑，当然它也通常由笑来帮助我们把欢乐散播出去。

"幽"得开心，"默"得可乐

俗话说：在家靠父母，出门靠朋友。能够多交一些朋友，常与朋友交谈、聊天，就会心胸开阔，信息灵通，心情开朗，也能取人之长，补己之短。遇到烦恼的事情，朋友可以安慰你；遇到什么难题，朋友可以帮你出主意；有什么苦衷，也可以向朋友倾诉一番；遇到什么喜事和值得高兴的事，可以和朋友说说，分享快乐。

在拥挤的公交车上，即使身体互相挤压，人们之间一般也无话可说。可是有这么一个人他突然就耐不住寂寞了，他说道："喂，各位，大家都吸一口气，缩小些体积，我挤得受不了啦，快成照片了！"大家就一起笑起来。陌生人之间都变得亲近起来，交流便由此开始了。

要找到志同道合的朋友并不是一件容易的事情。交友难，其实难就难在交友的方法上，幽默交友不失为一种有效的方法。陌生的朋友见面，如果幽默一点，气氛将变得活跃，交流会更顺畅。

著名国画大师张大千与著名京剧艺术大师梅兰芳神交已久，相互敬慕。在一次张大千举行的送行宴会上，张大千向梅兰芳敬酒，出其不意地说："梅先生，您是君子，我是小人，我先敬您一杯！"

众人先是一愣，梅兰芳也不解其意，忙问："此语做何解释？"

张大千朗声答道："您是君子——动口；我是小人——动手！"

张大千机智幽默，一语双关，引来满堂喝彩，梅兰芳更是乐不可支，把酒一饮而尽。

大多数人都有广交朋友的心，苦的是没有行之有效的方法，如果我们能像张大千一样，注意感受生活，勤于思考，有一天我们也会变得和他一样幽默风趣，到那时候，对我们来说世界就不再是陌生的了，因为陌生人也会乐意成为我们的朋友。

两辆轿车在狭窄的小巷中相遇。车停了下来，两位司机谁也不准备给对方让道。

对峙了一会儿，其中一个拿出一本厚厚的小说看了起来，另一个见了，探出头来高声喊道："喂，老兄，看完后借我看看啊！"

此举逗得看书的司机哈哈大笑，主动倒车让路。另一个司机则在车开过了小巷之后主动与看书的司机交换了名片，并真的向他借书看。

两人的家离的本就不远，后来两人就成了很好的朋友。

上面故事中向人借书看的那位司机真是将幽默的交友艺术发挥到了极致，

因为本来用幽默的话语将矛盾的热度降低到零点，把车开出小巷之后就已经达到了目的，他却没有就此停止，而是通过进一步的幽默将两人发展成朋友关系。所以，当我们与陌生人发生冲突的时候，如果能幽默一点，大度一点，矛盾应该可以化解，敌意也能变成友谊。

朋友间的幽默，方式很多，只要"幽"得开心，"默"得可乐就可以了。

法国作家小仲马有个朋友的剧本上演了，朋友邀小仲马同去观看。小仲马坐在最前面，总是回头数："一个，两个，三个……"

"你在干什么？"朋友问。

"我在替你数打瞌睡的人。"小仲马风趣地说。

后来，小仲马的《茶花女》公演了。他便邀朋友同来看自己剧本的演出。这次，那个朋友也回过头来找打瞌睡的人，好不容易终于也找到一个，说："今晚也有人打瞌睡呀！"

小仲马看了看打瞌睡的人，说："你不认识这个人吗？他是上一次看你的戏睡着的，至今还没醒呢！"

小仲马与朋友之间的幽默是建立在一种真诚的友谊的基础之上的，丢掉虚假的客套更能增进朋友之间的友谊。可见，交朋友要以诚为本。朋友之间要以诚相待，互相关心，互相尊重，互相帮助，互相理解。爱人者人恒爱之，敬人者人恒敬之。关心别人，才会得到别人的关心；尊重别人，才会得到别人的尊重；帮助别人，才会得到别人的帮助；理解别人，才能得到别人的理解。

掌握了幽默的交友技巧，我们的朋友就会遍布天下，陌生人会变成新朋友，更多的新朋友将变成老朋友。面对老朋友，我们没有隔阂，无话不谈——过去的趣事、将来的打算、工作中的得意、家庭里的烦恼都可和朋友一起分享。

自嘲是社交中的灵丹妙药

在社交中，自嘲作为一种工具，自有独特的功效。

喜剧演员潘长江曾说："记者问我为什么能广受观众的欢迎，是不是自己有什么诀窍。我说，我最大的长处就是谦逊，你看，我什么时候自高自大过？"记者听了哈哈大笑。善于自嘲的人总能受到别人的欢迎。下面就是社交中自嘲最常表现出的功用：

1. 缓解紧张情绪

与人初次见面时，会感到紧张，这是很自然的。问题是，如果对初次见面考虑过多，紧张就会加重。为了避免这种情形的发生，将自己紧张甚至失败时的情形说出来，自我嘲笑一番，是一种可行的方法。例如，有人一说："你瞧！我一紧张就像酒精中毒一样，手不断地发抖，真没办法。"这么一说，手反而不抖了。

2. 显示自信，维护面子

有时你陷入难堪是由于自身的原因造成的，如外貌的缺陷、自身的缺点、言行的失误等等，自信的人能较好地维护自尊，自卑的人往往陷入难堪。对影响自身形象的种种不足之处大胆巧妙地加以自嘲，能出人意料地展示你的自信，在迅速摆脱窘境的同时显示你潇洒不羁的交际魅力。如你"海拔不高"，不妨说自己是体积小魅力大，浓缩的都是高科技；如丑陋的你找了一个美丽的她，不妨说"我很丑但我很温柔"；即便你如刘墉一样背上扣个小罗锅，也不妨说你是背弯人不弓。如果你能结合具体的交际场合和语言环境，把自己的难堪巧妙地融进话题并引出富有教育启迪意义的道理，则更是妙不可言。

如，某老师普通话不过关，有一次上语文课，讲到某一问题要举例说明时，把"我有四个比方"说成了"我有四个屁放"，一时教室里像炸开了锅，学生笑得不可收拾。老师灵机一动，吟出一首打油诗："四个屁放，大出洋相，各位同学，莫学我样，早日练好普通话，年轻潇洒又漂亮。"

老师的机智幽默赢得了学生的热烈掌声。

3. 表示豁达，增加人情味

笑自己的长相，或笑自己做得不太漂亮的事情，会使我们变得较有人性，并给人一种和蔼可亲的感觉。

总之，在社交场合中，自嘲是不可多得的灵丹妙药，别的招不灵时，不妨拿自己来开涮，至少自己骂自己是安全的，除非你指桑骂槐，一般是不会讨人嫌的。智者的处事妙方便是：不论你想笑别人什么，先笑你自己。

幽默容易让人产生信任

卡普尔曾经担任过美国电话电报公司的最高行政领导。在他任职期间，有一次主持股东会议，会中人们对他提出了许多质问、批评和抱怨。会议气氛颇为紧张。其中有一个女人不断提出质问，说公司在慈善事业方面的投资太少了。

她厉声问："去年一年中，公司在这方面花了多少钱？"

卡普尔说出一个几万元的数字。

"我想我快要晕倒了！"她说。

卡普尔面不改色地解下自己的手表和领带，放在桌上，说："在你晕倒之前，请接受这笔投资。"

在场的大多数股东笑起来。

他的幽默表达了一个重要信息：即企业很重视人性的需要，他本人也确实关心。如果有必要的话他可以牺牲自己，但资金有限也是事实。

卡普尔在一分钟之内就使人产生了信任和同情，而他仅仅只采用了幽默的一个形式：戏剧性地表达自己的观点。

那个女人并不会晕倒。一句幽默的戏剧性语句和一个幽默的戏剧性行为，其效果远远超过了一份长篇小说般的工作报告。

在加州曾经有一个显然具备领导能力的大学毕业生。他正急于寻找工作，几乎是冲进加州一家报馆，对经理说："你们需要一个好编辑吗？"

"不需要。"

"那么记者呢？"

"不需要！"

"那么排字工人呢？"

"不，我们现在什么空缺也没有！"

"那么，你们一定需要这个东西。"这个大学生从公事包中拿出一块精致的牌子，上面写着"额满暂不雇用"。

经理看了看牌子，笑起来。他立刻给老板打了个电话，把这件事说给他听。随后，经理笑嘻嘻地对他说："如果你愿意，请到我们广告发行部来工作。"

有人问那位大学生："既然你接受了这项聘请，那么一开始为什么要提到编辑和记者呢？"

大学生说："我是要让他明白，我的能力可以应付任何工作。"

"那么这块牌子呢？"

"引起他的兴趣和同情。即使我失败了，它也会提醒我说，这是'暂不雇用'。"

后来这个年轻人成了这家报馆出色的经理，他使报纸的日销售量从五六万份提高到30多万份。

在纽约太平洋食品商场，有一个很能干的店员。他的营业额总是名列前茅，老板十分赏识他，在不到一年的时间内，就给他加了4次工资。这就引起了其他店员的不满，他们开始制造谣言，在老板面前说些诽谤的话。老板决定考察一下这个店员，他对店员说："请你向我解释一下，你为什么处理不好同事之间的关系呢？"这位店员说："因为我使他们生气了。"

"原因呢？"

"很简单，你看。"

这位店员当着老板和顾客的面称两包糖果。第一包，他舀起一磅多糖果，然后在称的时候，拿掉多出来的糖果。第二包，他舀取不到一磅的糖果，然后把它加到一磅。结果那位顾客把钱塞进自动收款机，抓起第二包就走了。

"就这样，"店员说，"我们之间是第一包和第二包的矛盾。"

这位店员也采用戏剧性的方法，表达出他和同事的分歧之所在。老板对此大为赏识，在第二年的年初又给他加了一次工资，并提拔了他。

如果这位店员不采取这种方式，相反，他把自己猛夸一阵，把别人奚落一顿，那么他在老板心目中将是个什么样的人呢？

所以，采用戏剧性的幽默方式表达自己的观点，往往能一下子给人以深刻的良好印象，使别人对你的观点从一开始就有了信任的基础。

幽默打开我们与他人的沟通渠道

在沟通系统中，幽默艺术的运用效果不仅在于能够缓和紧张气氛、消除敌意，而且还能打开我们与别人的沟通渠道，让我们明白如何清晰沟通，提醒我们防止这渠道阻塞。

首先，幽默的艺术在沟通系统中可以用来帮助人们记住事情，接受一些人生的经验。

在百货公司里有一个小女孩走失了，她的母亲到经理那里去求助。经理正要采取行动时，母亲听到女儿在叫："爱莲！爱莲！"

于是母女快乐地重逢。当母亲拥抱并吻了女儿之后，向女儿问："你刚才为什么叫妈妈的名字'爱莲'？为什么不叫'妈妈'呢？"

小女儿回答说："这里有那么多妈妈，人家听了怎么知道我在叫哪个妈妈呢？"

把你所要表达的信息具体化，就像那个女孩一样，用正确的方式直接指向某一个人或某些人。只有这样，你想要表达的信息才会容易被他人记住。

幽默常以一般人熟悉的艺术形式来表现。于是我们一听到这些熟悉的艺术形式，就会产生微笑或哈哈大笑的反应。我们先看看"什么是失败者"的趣味答案。

他是个失败者，上午9点15分他向老板要求加薪，9点16分他要求老板帮他写推荐函。

失败者就是一个花1000美元买了一块墓地之后，却落到海里淹死的人。

有一个胖子在海滩上伸直了身子进行日光浴，小孩跑来在他的肚子上画画写字。他到动物园去，孩子们拿花生米喂他，害得他赶紧叫来一辆救护车和一部起重机。

再来看看怎样用幽默的艺术表达"好消息与坏消息"。

好消息！调查显示大学女生认为中年男士最具吸引力。坏消息！她们认为中年是指32岁。

精神医生告诉病人一个好消息："你没有自卑情绪。"最后是坏消息："你很自卑。"

"好坏消息都有。"妻子对丈夫说，"好消息是你这几年来付的汽车保险费不会浪费掉了！"

我们所要表达的许多信息，也可以用另一种熟悉的幽默艺术形式来表达。例如你要说一个小镇有多小，就要说得可靠些。说你就从这么一个小镇来，以建立或虚构事实。

"我家乡的小镇，小到仅有一个十字路口，而且只有其中两个方向的路可以走到任何地方去。"

"我的家乡小到只要你打开后门，就出了镇外。"

"在我的家乡，我们穷到以为'隔天面包'是一种面包的牌子。"

这种形式有时也可用来开开朋友之间的玩笑。

"我们的足球教练真是铁硬，以至于他非用淋浴不可。为什么呢？因为他若泡进浴缸里，会将浴缸劈成两半。"

当你能在任何情况下都看到事情有趣的一面时，自然就会产生幽默的念头来。

我们来看一个最平常的情况：

电梯中有一位乘客很紧张地问操作员："如果电缆断了，会怎样？我们会往上升还是掉下去？"

操作员回答："那就要看你过的是何种人生了。"

学生问："这里说如果我们用功读书，不抽烟、不喝酒、不找女孩子玩，就会活得长命。是真的吗？"

教授回答："除非有人去做，否则我们尚不确知。"

使别人愿意按照你的想法和建议去行事，是运用幽默艺术以适当表达你的想法的第三大步骤。前两大步骤——清晰沟通和帮助他人记得——能帮助你激发他人去行事。

"我来收订报费。"送报员说。

"好，"订户说，"订报费在那边草丛里，每天早上我总是从那儿捡起报纸。"

所以，当我们平常同他人交流时，能够集中话语中的幽默力量，就能使人对你的话印象深刻。

幽默使自我推销更有效

在这商业化的社会上，积极地推销自我能力的人越来越多，虽然能力的高低是重要的决定因素，但推销方法的高明与否则往往是成败的关键。有些人甚至就因为方法不好，虽然颇具才华，但却不能给人好的印象。如果在自我推销的过程中加入幽默的成分，相信会收到事半功倍的效果。

美国著名销售大师杰弗里·吉特默为他的猫制作了一张名片。每次推销的时候，他都会跟客户说："我的丽托猫有一张自己的名片。她是我的吉祥物。无论我要找哪份重要文件，总会发现她躺在上面，这很有趣。而我每次参加研讨会的时候，我总会散发它的名片。原因只是为了逗人一笑。但是，每个收到名片的人都会保留它，把它拿给别人看，并和别人谈论我。"

杰弗里·吉特默为他的小猫设计名片并到处分发，这是多么有趣的创意。如果有人给你一张这样的名片，你会怎么想？你会通过它而记住对方吗？很明显，通过这种方式，杰弗里·吉特默成功地推销了自己。所以，请记住名片是你的形象的代表，它应当有新意、有趣、吸引人。

自夸的幽默技巧也能被应用在自我宣传中。与其说自夸可耻，毋宁说它是一种宣传、广告，是所有商业行为的基础。日本百货业界的巨人丸井百货公司在推出可以签账购买任何东西的"绿色签账卡"时，有一句很幽默的自夸词："除了爱人之外，什么东西都卖给你。"日本罗德企业集团在韩国的休闲购物据点罗德广场落成时，其企业总裁重光武雄就说了一句颇有幽默感的话："除了葬仪社之外，我们应有尽有。"

但是，在向别人推销自己时，如果言辞太过于自夸，在较含蓄的社会中还是不太容易被接受的。不过，同样是一句自夸的话，若是由具有幽默感的人来说，可能就比较不刺耳。下面就是一个以幽默的方式来夸耀自己的佳作。

美国职业棒球界的某选手曾夸耀他自己的跑步速度说：

"我若告诉你我能跑得多快，您恐怕吓死哦！只要我打出全垒打时，观众还没听到球棒打到球的声音，我人可能已经到一垒了。"

——这么说来它的速度简直就是超音速了嘛！

自夸的话语之所以听起来很逆耳，是那些话语中经常带有夸张不实的描述，或许我们可以更肯定地说，自夸的话多少有些吹牛。可是，现在已是个自我推销的时代了。强鹰若是不张爪，可能将捕不到好猎物而终其一生。反倒是那些本身毫无才能，因装着尖锐假爪的劣鹰，却能时时大快朵颐。

不过话虽如此，过分或过于低俗地自我炫耀，还是会招致别人反感的。因此一句要兼具自我宣传和自我炫耀的话，它必须是具有适度的幽默感，才能避免引起反感，并让人愉快地接受。一句话，自我推销要大胆，自我宣传要幽默。

用幽默来代替握手

幽默杂志《趣味世界》的编辑雷格威说："原始人见面握手，是表示他们手上不带武器。现代人见面握手，是表示我欢迎你，并尊重你。以幽默来打招呼，则是有力地表示我喜欢你，我们之间有着可以共享的乐趣。"

他还说："幽默是比握手更文明的一大进步。"

心理学家凯瑟林也说过："如果你能使一个人对你有好感，那么也就可能使你周围的每一个人，甚至是全世界的人，都对你有好感。只要你不是到处与人握手，而是以你的友善、机智、风趣去传播你的信息，那么时空距离就会消失。"

林肯总统在会见某国总统时，还没有握手就说："啊，原来我的个子还没有你高，怎么样，当总统滋味如何？"

那位总统有点拘束，说："你说呢？"

"不错，像吃了火药一样，总想放炮。"

这段对话使两位总统间的猜疑、戒备之心立刻消失了。

也有人一见面就说："嗯，我一定在哪儿见过你。一定见过！好面熟。"

"是吗？这不可能。"

"不，肯定的，即使在梦里，也可能见过你。"

这不一定是事实。但是，这种会面的最初方式，无疑把两个人的过去连接在一起，也为将来连接在一起创造了基础。

对任何一个人，当我们以幽默去代替见面握手时，他所产生的感觉只能是愉快，他能做出的反应只能是笑。

但是你也不能由此而一发不可收拾。如果你继续使用滔滔不绝的妙语、笑话，别人会以为你纯粹是在做戏。

有一些自以为是的幽默家。他们的开场还算不坏，创造了愉快的气氛。然而惯性使然，他们过于频繁地使用穿插语，时不时还来一段旁若无人的大笑。

听者摸不透他瞬息万变的情绪，不知道怎样跟他交谈。有人过后在背地里说："他怎么了，怎么没完没了地痴笑？"

学会与人同笑

欣赏别人，与人同笑，正是与人沟通的一个重要途径。也许你是个身居要位的官员，所以你不愿同看门老人一同笑；也许你是个博学之士，因而不欣赏智力平平的普通人。这实际上是切断了你同这个世界的联系，你的官职、学位对人性的需要毫无用处。而幽默，带给了我们在与人欢笑中进行沟通的机会。

马克·吐温说："让我们努力生活，多给别人一点欢乐。这样我们死的时候，连殡仪馆的人都会感到惋惜。"

通常，这种人在工作上会十分顺利。他对别人的欣赏，会使别人了解他并和他有共同的志趣，共同的目标。

有一位拳击手，在一次拳击比赛中以幽默而闻名拳坛。他在同对手较量到第二回合时，头部挨了一拳，倒在地上。对手在他身边跳来跳去，准备在他爬起来后给他更致命的一拳。可是这位拳击手爬起来，笑嘻嘻地朝对手说：

"我把你吓坏了吧？"

对手不解地眨着眼睛。

"你一定吓坏了，"他说，"你害怕会把我打死。"

那位对手松开咬紧的牙关笑了。

比赛继续进行。尽管在台上他们仍然是对手，但是比赛结束后，人们亲眼看见他们互相搀扶着走进一家酒吧，成了一对知心朋友。有人说，从那以后，他们俩尽量避免同台交锋。他们还联合起来研究战术，打败了一名在当时气焰十分嚣张的拳王。

不论是什么季节，在什么社交场合，幽默的力量都会帮助你沟通，并且使这种沟通富有人情味，无拘无束地互相交往，诚挚相待。

有些夫妇懂得这样的诀窍：在赴宴迟到的情况下，夫妇间可以互相推诿，指责对方有责任，例如妻子衣服换了一件又一件啦，丈夫走了弯路啦。但是如果把角色对换一下，就会取得更好的、具有幽默性的效果。例如，妻子说："对不起，我们来迟了。都怪亚当，照镜子就花了一个小时。"

在现代社会生活中，各种以娱乐活动为目的的集体或是出于兴趣、爱好而组成的团体，成了现代社会中人们相聚、彼此沟通、互相满足的小社会。在这些社团中，不论是普通成员还是核心人物，都能从幽默的力量中深受益处，也能以自己的幽默感赢得大家的欢迎。

采取幽默的方式争取他人的谅解

在双方交谈刚开始，尚未开宗明义之前，来一个巧妙的逸乐幽默，使对方处于欢乐激情之中，达成情绪上的"晕轮"，就像刘姥姥一进大观园那样，首先给被求方以轻松感，然后再侧面谈及农家之苦，把被求方的骄傲情绪和同情心调动起来，他们自然乐于施舍于她了。利用自我解嘲幽默，可生动地暗示自己的处境，唤起被求方的同情。

有一个人向他的朋友抱怨："我愈来愈老了。"

当然，朋友告诉他，他看起来仍和从前一样年轻。

"不，我不年轻了。"他坚持说，"过去总有人问我：'为什么你还不结婚？'而现在他们问：'你当年怎么会不结婚的呢？'"

朋友在被他的幽默逗笑的同时，也不免会为他年华逝去，却还没有成家而同情他。要获得他人的同情，我们要首先脱掉虚伪的外衣，真诚地表露自己。而趣味思想的幽默能帮助我们移去障碍和欺骗。有时候，在大庭广众之下，我们会犯一些小错误，闹一些小笑话，这时候，就可以用幽默帮助我们表达真诚，来解除大笑的嘲弄。

雷莉·布丝是美国20世纪50年代的著名女演员。在一次重大的颁奖活动中，她急步登台，没想到在台阶上绊了一下，险些跌倒在地，全场观众都为她吃了一惊，有些人甚至笑了起来。只见她不慌不忙地稳住了身体，站在舞台中央，平静地说：

"女士们，先生们，你们刚才看到了，我是经历了什么样的坎坷才站到今天这个台上的。"

全场观众顿时掌声如潮。

这就是令人赞叹的机智和幽默。这位女演员所要讲的内容，可能事先排练过数十遍，轻车熟路，而最后的这句台词却是从来没有想过的。这就是临场发挥幽默的困难之处，也是它的精彩迷人之处。

幽默地面对生活，借着笑的分享，你就可以把琐细的问题摆在适当的位置，和你整个生活相形之下就显得很小了，这有助于你轻松地获得他人的同情，也能使你重振精神。

有时候，我们也难免会撒谎或者欺骗他人。而当我们偶尔犯了错误受到谴责的时候，我们总是希望得到他人谅解。我们相信，绝大多数人是诚实的、善良的，因而我们采取幽默的方式争取他人的谅解。

一个妇人打电话给电工："喂，昨天请你来修门铃，为什么到今天还没有来？"电工答道："我昨天去了两次，每次按门铃都没有人出来开门，我只好走了。"人们听后肯定会轻松地一笑，其意绝不在讽刺电工的服务态度，电工的愚笨反而使我们觉得可爱，进而谅解他的工作失误。

有时候，做错了事情又被别人撞上，往往会出现尴尬的局面，面对这种种无奈，我们只有采用幽默的方式来争取他人的原谅，用幽默营造一种"山穷水复疑无路，柳暗花明又一村"的境界。

守林人在林中抓到了一个狩猎者。"你在干什么？"守林人声色俱厉地问道，"春天这里是严禁狩猎的，你难道不知道吗？"

"这我知道，"狩猎者说，"可我实在是因为遇到了一件不幸的事，想来这里自杀的。只是因为开枪时手抖得很厉害，不知怎么，子弹竟误落到了野鸭身上。"

狩猎者在偷偷狩猎的时候，恰好被守林人撞见。狩猎者明白自己做的事情不对，为争取守林人的谅解，他采用了温和、幽默的方式。

心理学中有一条规律：我们对别人表现出来什么样的态度和行为，对方往往会做出同样方式的反应和回答。西方有句谚语说得好："把对方想象成天使，就不会遇到魔鬼。"当我们因做错事情而损害他人的利益时，更应该以知错求改的幽默态度来和对方交流，以争取对方的谅解。

在生活中按下幽默的按钮

幽默是运用你的幽默感来增进你与他人的关系,并改善你对自己真诚的评价的一种艺术。我们可以根据别人的经验去发现如何按下幽默的按钮!

生活当中,赞扬需要幽默,指责更需要幽默,幽默能传达善意的指责。如果双方发生了意见分歧,其中之一的当事人撇开严肃的态度,以幽默的言语来暗示责备,那么即使是调侃式的、半宽容的幽默语言,也能正确无误地表达出责备,以达到不至于伤害人的目的。其原因就是在于,幽默传达给对方后,对对方产生作用的不完全在于这是些什么话,有很大因素在于你的幽默给对方一种什么样的感觉。

一天,有个调皮的男孩子来到一家理发店,要求理发师为他刮胡子。

理发师让他在理发椅上坐下来,并在他脸上涂了剃须膏,便去跟别人闲聊去了。

男孩等得不耐烦了,叫了起来:"理发师,你什么时候才替我刮胡子?"

"我在等你的胡子长出来啊!"理发师答应着说。

在社交中,赞扬、指责或者是表达同情心,都可以带上一些幽默色彩。幽默,可以说是社交活动的润滑剂。当然,在社会活动中,也有需要表达讽刺意味的时候,但讽刺不完全是挖苦。当讽刺加上幽默的色彩时,它就会达到一个较高的层次。

有位先生买了一个助听器,于是他向朋友们夸耀道:"这是我这辈子用钱用得最恰当的地方了！"他扯着嗓门说："耳朵里塞上这东西以前呀，我耳朵背得像木桩。现在呢，如果我在楼上卧室里，厨房里水开了，我就能立即听到，如果一辆汽车开上车道，我在一里外就能听见。不瞒各位，这是我花钱花得最合算的东西了。"

他的朋友都一个劲地点头。其中一个问："多少钱？"那位先生看了看表，回答道："差一刻两点。"

当然，这种幽默讲讲笑话无妨，在实际社会交际中，要视对象的不同，注意把握分寸，才能收到好的效果。比如上面这则幽默，在面对患有耳疾的人时，就不适宜讲了。我们在社交生活中，应视具体的环境、对象和氛围，采用适当的形式来表达出合适的幽默。

幽默是一种天然的防卫武器。现实生活中，有很多事情令人手足无措，无所适从，有很多事情通过一般方法是难以解决的，这时，人们往往采用幽默的方式，把自己的所有不满和不快全包含在一笑之中。

幽默感使人们的支持者远远多于反对者。同时，真正的幽默应具有这样的一种自制力：它能够在最恰当的时机给对手以沉重而致命的打击，而不在一时冲动的、简单急躁的和未经深思熟虑的乖常行为或愤怒而空洞的威胁上消耗精力。

充分运用幽默的涟漪式效果

有一座监狱，傍晚时狱中气氛反常地欢快。囚犯们依次喊道："12号！""46号！""22号！"每喊一个号码，就听到阵阵笑声在两排囚室间来回穿梭。

有一位资历较深的看守也加进来，喊："77号！"囚犯们又是一阵大笑。

这时一位新来的看守，润润嘴唇，清清喉咙，叫道："57号！"

整座监狱里寂然无声。

这位新看守很尴尬，问同事："怎么回事？我也喊了一个号码，怎么没人笑？"

资历较深的看守说："你喊到的那个囚犯不会说笑话。而那几个囚犯，是说笑话出了名的，大家一听到他的号码，就要想到他的笑话，因而大笑起来。"

这就是说，幽默具有涟漪式的频发效果。

在池子里丢一块小石头，四面就会激起阵阵涟漪。当你把幽默投进你的生活时，也会产生同样的效果，使别人牢记你或关于你的信息。

有位网球教练史蒂夫，他的学生是不到6岁的小孩。他也运用幽默的力量，让小孩把网球拍叫做"棒棒糖"，一上场就听到他喊："把棒棒糖举高些！"

这很有效。因为网球拍对孩子们来说是生涩的、不易记的字眼。而"棒棒糖"又好玩又好记。孩子们一看见他就笑，说："教练，棒棒糖！"他们也彼此问："嗨！你今天带没带棒棒糖？"

麦克·马金尼是一家幽默杂志的编辑。他曾经做过一个实验：探讨幽默散布的广度。

麦克是这样解释他的实验的：

"早上，我进入编辑部大楼时，我把准备好的一则笑话说给我遇见的一个朋友听。当我下班离开大楼时，我听到有人在谈论那则笑话，有几次竟是说给我听的。形式上稍有变化，但内容大同小异。

"于是，我想弄清楚究竟有多少人在一天中听到了这则笑话。我发观这是无法以确切的数字来表示的。这幢大楼里的人在一天中接触了多少人，那么这则笑话就可能流传多广。更重要的是，我的笑话帮助了那个转述笑话的人，增进了他的人际关系。"

事实也确是如此。你也许发现，当你走近某个熟悉的人时，你会不由自主地笑起来，然后再打招呼。而对某些人则不会产生这种情况，你可能只是礼节性地问个好。问题是，前者一出现就在你心里引起了愉快的感觉，你喜欢和需要这种愉快，通常那人在这之前是给过你愉快的人。这种愉快往往是幽默的力量所致。

所以，如果你真的具有幽默感，并以此给人快感，那么你所说的幽默故事会一传十、十传百，成倍地流传。如果这些幽默中具有你的思想、观点，那么，就会有许多人来传播你的思想、观点。

芝加哥市的演说家兼牧师卡尔·温特斯说："我让听众哈哈大笑。在他们张开嘴巴的时候。我丢进一些东西让他们咀嚼。"

显然他所说的"东西"是指那些关于"主"的教诲。

幽默的涟漪式效果一旦产生，你所要传达的信息也随即被人们所接受。无论别人是反对还是支持，至少他已了解你的想法，并会把这想法再次传递出去。于是我们通常所向往的人的影响力便由此而产生了。

对于这一点，无须再举更多的例子。当你为某个问题而需要扩大影响时，你不妨亲自去借助于幽默的力量，像麦克那样，去试试涟漪式幽默。

广泛传递的幽默必须要有一个条件，即大多数人认为确实有趣，而不是一笑了之。这就需要使幽默本身具有穿透力，不同职务、不同年龄、不同性别的人都能欣赏这个幽默。

第3章
幽默让人轻易扭转困境

在一些意外的场合，常常碰到一些意想不到的事情，如果处理不好，着实使人尴尬万分，进退两难。而幽默的运用就能让人化解尴尬，脱离困境，让事情朝着有利于自己的方向扭转，从而让人游刃自如于人际交往之中，获得自己的成功。

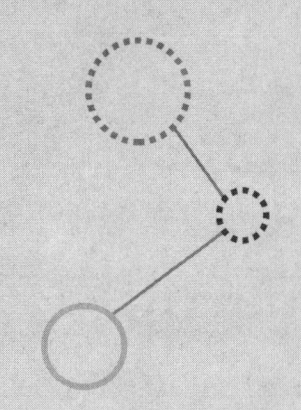

以幽默情致对待面临的问题

法拉第是发电机的发明人,他被称为电学之父。但是在法拉第时代,不少人不明白发电机有什么用处。还有一些思想保守的人,把法拉第视为"邪人""疯子"。他们企图以证实他的发明无用而宣布他疯了。有一次,法拉第在演说时,一个反对者喊道:"你疯啦,你弄出那鬼东西究竟有什么用?!"

法拉第没有跟他辩论,他则是对听众说:"这个问题大家都知道!还有哪个疯子能提这样的问题——'婴儿有什么用?'"

听众们鼓起掌来。

法律学校教授席格尔,有一次在讲授法庭程序时说:"当你在为一个案例辩护时,如果你掌握对你有利的事实,就抓住这些事实去打击对方。如果你掌握对你有利的法律,那就抓住法律去打击对方。"

这时一个学生突然提问:"如果你既没有对自己有利的事实,也没有这样的法律呢?"

席格尔不假思索地说:"在那种情况下,你就打桌子吧!"

这是一句急智之言。席格尔以幽默来应付突然出现在面前的困境,保住了自己的面子。实际上他是建议他的学生:当你遇到急迫而又棘手的问题时,就要像他那样随机应变,使自己立于不败之地。

我们经常会遇到诸如此类的紧急情况,必须在几秒钟内对挑战或意外的事做出反应。反应迟钝了会被人看轻,而反应太认真了会言之无用或正中别人圈套。在这一刻，如果你能做一瞬间的趣味思考，以幽默的情致去对待面临的问题，结果我们会发现，那些紧急情况片刻之后就已不复存在。

幽默是化解困难的良药

我们来看看下面的例子：

爱丽丝做好的发型突然垮了下来，她并没有窘得想钻进地洞里，而是这样对她的朋友说："我想一定是我要拿吹风机时，错抓了电动搅拌器。"

汤姆去剪头发，理发师把他的头发剪得太短了，尽管他不很满意，但汤姆还是以他的幽默来对待。他向家人解释说："理发师教我怎么存头发，甚至还给我一把扫帚和一个纸袋。"

我们再来看看男人和女人的争执。假设"你"是男人，对女权运动的看法和"她"——一位女性朋友、熟人、亲戚或同事——意见不合。

你会这样驳斥她："我知道女人不是弱者。要六个男人才能把一个男人送进坟墓；但是用女人的话，只要一个就足够了。"

一棵洋葱能让人流眼泪，但是没有一种蔬菜能让人笑。幽默就是化解生活困难的良药，幽默是快乐的催化剂，幽默给我们带来了人生乐趣。

绝大多数政治家和政客都知道如何将尴尬和失意的困境转变为对自己有利的局面。我们从富兰克林这样的伟人身上，可以学到如何在日常生活中运用幽默力量。

富兰克林有一次坐在法国巴黎学院里聆听一场精彩的演讲。主讲的人讲完之后，除了富兰克林以外，每个人都在鼓掌，于是他也跟着鼓起掌来。

由于他听不懂法语，便问邻座，台上那人说的是什么。这时才知道整个演讲全是赞美的话——称赞富兰克林。

富兰克林是如何来解除这尴尬的呢？就是自己把这笑话说给别人听。

幽默的力量也能用来解除灰心失意时刻的痛苦，化解一些尴尬的场面。

钢琴家杰克·布鲁斯有一次在密歇根州的底特律城演奏，发现全场座位坐不到一半。他当然很失望，但是他走向舞台的脚灯，对听众说："底特律这个城市一定很有钱，我看到你们每个人都买了三个座位的票。"

于是这半满的屋子里，充满了笑声。

其实你对任何不满、反对、错误或不平，几乎都可以运用幽默力量来扭转局面。认识问题，改变问题，解决问题，以你个人的观点对事情做有趣味的思考。

用幽默迅速反击寻衅

如果你面对着来者蓄意挑衅的举动，则应该运用幽默予以回击。我们提倡人与人之间互相友爱、尊重，无疑是正确的，但实际上并不是每个人都能攀上道德修养的理想层次。如果对以伤害别人为乐趣的人姑息养奸，也并不值得肯定和鼓励。

萧伯纳的剧本《武器与人》演出时，剧院举行了隆重的首演式，邀请了各界知名人士参加。演出很成功，许多观众在剧终时要求萧伯纳上台见见大家，接受众人的祝贺。

正当萧伯纳走上舞台，准备向观众致意时，从观众席上突然站出一个人大声喊道："萧伯纳，你的剧本糟透了！谁要看！收回去，停演吧！"

观众们大吃一惊，以为萧伯纳肯定会气得发抖。谁料，萧伯纳笑着对那个人深深地鞠了一躬，彬彬有礼地答道："我的朋友，你说得好，我完全同意你的意见。但遗憾的是，我们两个人反对这么多观众有什么用呢？我们能禁止这剧本停演吗？"

两句话引起全场响亮的笑声，紧接着是暴风雨般的掌声。掌声中，那个寻衅的人低头走出了剧场。

下面是关于萧伯纳的另一个幽默故事：

曾有个肥胖的富翁见到瘦弱的萧伯纳，傲慢地笑道："一见到你，我就知道世界上还有人挨饿。"

萧伯纳点点头："一见到你，就知道他们挨饿的原因。"

上面这则名人幽默，反应迅速，反击有力，可谓经典的"反击型"幽默。在某些场合遇到挑衅者，做出反应，正面回击，一般都可以做到。萧伯纳的回答就极为巧妙，与挑衅者的对接几乎到了天衣无缝的地步，机智、幽默回击，是人们激赏不已又难以企及的高水平杰作。

在人际交往中，难免会遇到人与人之间的正面碰撞和冲突。这大致可分为两种情况：一是无意的冲撞或并不严重的损害，二是蓄意的挑衅。幽默在这两种情况下应该把握比较准确的分寸感。在大多数情况下，冲突是无意中引起的，这时的幽默是一种风趣、温和的批评。

巧用幽默来回敬"揭短"

你正在兴致勃勃地向你的朋友讲述你怎样从池塘里钓上两条大鱼。你的妻子却在一旁插话说:"听他的!他钓了两天,一条小鱼儿的影子都没见着!那鱼是花钱买的!"

你正在和新结识的女友吹嘘:"我最近上了一个戏,这是我头一次独立执导,故事非常精彩,上演后一定会轰动。"旁边却走过来一个朋友:"嘿,不怕西北风闪了舌头!姑娘,别听他瞎编,他哪是什么导演,只是个场记而已!"

你正在帮助你的邻居修理电视机:"原因可能在天线,也可能是显像管出了毛病……"这时,你的亲戚走过来:"嗨,他只会拆零件。前天我那台彩电,没修前能看两个频道,让他一修,只能看一个频道了!"

这种情况在聚会中也时常出现,面对别人开玩笑似的揭你的"短",你真有点下不来台。你想默认又觉得窝囊,想还口又觉口吃。怎样从困境中摆脱出来?不妨运用幽默的语言、滑稽的表情和笑料冲淡这尴尬的处境,活跃气氛。

你可以接着妻子的话说:"不错,我往池塘里扔了五元钱。那两条鱼就自动跑进我的网兜里了!"

你也可以接着朋友的话说:"场记怎么啦?导演都得先干场记,不信你去问问黑泽明!"

你还可以说:"每个电视机有不同的毛病,修不好你的,不见得修不好他的!"

显然,设法改变处境比保持沉默要主动,但有一点应明确:那些"揭短"的人通常是你的配偶、亲友,你不能采用气愤的话语予以还击,幽默的解嘲才是最好的办法。

当然，在聚会中对付别人"揭短"时，尤其要注意以下几点：

1. 尽量不怀疑他人别有用心

如果我们神经过敏，对别人的每一句话都琢磨一番潜台词、话外音，那就会自寻烦恼。因为在许多场合，对方往往是脱口而出或即兴联想的玩笑话，根本没想到会伤害你。不知者不为过，我们何必胡乱猜疑呢？

2. 不可反唇相讥

有人听不得半句"重话"，动辄连珠炮似的反讥。常因此挑起唇枪舌剑，使良好的关系破裂。一般说来，开玩笑的人若是得到严肃的回报，脸上常挂不住。所以，我们不能为笑话失去一个朋友，甚至给人留下心胸狭窄的印象。

3. 泰然处之

遇到人"揭短"，如果羞怯万状，既不能正常地保持沉默，又不能机智地改变处境，以至于失态，那就显得有些"小器"了。而保持泰然自若的风度，暂时把"揭短"抛置一边，寻找别的话题，或点起一支烟，端起一杯茶，转移别人的视线等，才是上策。当然，最佳方案是急中生智地幽默一番。一位作家刚发表一篇小说，赞誉之声鹊起。另一位作家却不以为然，跑去问他："这本书还不赖，是谁替你写的？"他答道："哦，谢谢你的称赞，不过，是谁替你把它读完了？"幽默地回敬，对"揭短"者也是一种有效的应付之道。只要善用幽默，你就可以从尴尬中迅速走出来。

用简短幽默来解释过失

有句歌词说：相爱容易，相处更难。的确，爱人之间免不了磕磕碰碰的事情，因此才有人编出"打是亲，骂是爱"这样的谐语来。那么，当情人或夫妻间的一方做错了事或误了事的时候，难免要做个解释，此时用简短的幽默可代替自己的一大段的解释，也可以避免对方一大串的埋怨。

有个姑娘叫小慧，与男朋友约会总是因故迟到10分钟。第一次，她自我责备地说："我迟到，我有罪，我罪该万死！"第二次她转守为攻地说："一定是你的表拨快了10分钟！"第三次她还是有理由："我的表是按北京金秋时间，比夏令时晚半小时呀！"每次都逗得男朋友对她又爱又恨，不过天底下哪个女孩与男友约会从来没有迟到过呢，于是男朋友也就一笑了之。

小慧聪明地解释了自己的过失，也取得了男友的谅解，不过恋爱中每次都迟到不是每个男人都能容忍的，所以，还是建议女孩子们谨慎为之。下面我们来看一个初为人妻的女子在做错事情后是怎么做的：

新娘子不小心把贝多芬石膏像掉在地上，摔去了一只耳朵，新郎刚要责备，新娘子笑着说了一句："哎呀，反正贝多芬是聋子，耳朵只是个摆设，留着也没用啊。"这一句俏皮话，使新郎笑逐颜开。

我们说，只要热爱生活，善于观察生活，珍惜情人或夫妻间的感情，谈情幽默便会像喷泉一样不断地涌出。

假装糊涂来制造幽默

在一些意外的场合，常常碰到一些意想不到的事情，如果处理不好，着实使人尴尬万分。此时要化解难堪的局面，不妨假装糊涂一些。

莎士比亚在其著作《第十二夜》中，让主人公薇奥拉说出了这样一句话：

"因为他很聪明，才能装出糊涂人来。彻底成为糊涂人，要有足够的智慧。"特殊场境中的假装糊涂，其实是一种机智的应变。

一次，排完歌剧，有人给女主角打来紧急电话，导演慌忙去叫。这时，女主角已去浴室洗澡。导演跑去找她。A 室、B 室、C 室外边都放着拖鞋。这三间浴室属于明星专用，一进门是更衣室，对面玻璃门内是浴室。

导演不知道女主角在哪个浴室，一急没敲门就推开了 A 室的门。这也难怪他，因为他只想女主角在浴室，哪知道她已沐浴完毕，在更衣室蒙着头巾在擦头，当然，浑身上下，一览无遗。

女主角"啊"的一声，急忙转身隐蔽。同时，导演也叫了一声，赶紧把门关上。

"啊，对不起，亨特先生！"

导演顿时喊出了男主角的名字！室内的女主角一定在惊恐之余，长嘘了一口气。这位导演故意以干脆疏忽到底的做法，假装闯进了男主角的浴室，不使女主角羞怯而了结此事，真是高明。

下面我们再看看普希金的一次"糊涂"：

普希金年轻的时候并不出名。有一次，他在彼得堡参加一个公爵家的舞会，他邀请一位年轻而漂亮的贵族小姐跳舞。

这位小姐十分傲慢地说："我不能和小孩子一起跳舞。"

普希金微笑地说："对不起，亲爱的小姐，我不知道你怀着孩子。"说完，很礼貌地鞠躬离开了。

普希金的"糊涂"很巧妙地回击了无礼的贵族小姐，使自己体面下台。

以上两位如果直接道歉或反驳，充其量只是使自己难堪而已。难得糊涂法的妙处在于真则假之，假则真之，正话反说，反话正说，先是迷惑对方，然后大家都能体面地从困窘中"拔"出来。

有时，假装糊涂很难在复杂的场合出奇制胜，这就要求在一些场合，要对自己的"糊涂"来一个聪明的注脚。

保罗在一次遇劫经历中就展现了他的糊涂。一天，他正在路上走着，忽然窜出一个强盗，用手枪对着他说："要钱还是要命？"

"你最好还是要我的命吧！"保罗说道，"因为我比你更需要钱！"

这里，保罗的上半句回答显得很糊涂，遇上歹徒，恐怕谁也会保命的；可是，其实后一句才点出真意。

幽默的意境要求矛盾冲突具有新奇性和独创性，以"新"为灵魂，以"熟"为大忌。所以，幽默要忌熟路，立新意。

巧用幽默化解矛盾

一位顾客在某餐馆就餐。他发现服务员送来的一盘鸡居然缺了两只鸡腿。他马上问道："上帝！这只鸡连腿也没有，怎么会跑到这儿来呢？"

某人向邻居表示歉意："我们刚才敲墙壁，是想挂一幅画，可能打扰你了，很对不起。"

邻居答道："没关系，我正想去问问你，假如我在钉子尖上挂副画什么的，能否禁得住？"

像以上两个例子的情况，我们在日常生活中会经常碰到。由于有了幽默、洒脱的态度，所以矛盾被巧妙地化解掉了。这里的可喜之处，并不是回避、无视生活中出现的矛盾，而是以幽默的方式展示一种温和的批评。

用幽默来轻松应对人生

用幽默可以化解困境，回答难题，维护自己的利益，捍卫自己的尊严，而又不伤对方的感情，这是别的手段难以与之媲美的。

总之，幽默是社交成功的法宝。你可以发挥自己的聪明才智，巧妙运用幽默的力量，你就能通过成功的社交，走上成功的道路。

现代社会生活中，一个人的社交活动已经扩展到了无所不包的范围。从一定程度上可以说，凡是有人生活的地方，就有社交活动。同样，凡有社交活动的地方，就少不了幽默和幽默力量。

从社交礼仪来看，幽默会使人产生不尽遐思的温馨，并留下较为深刻的印象。

斯库特去拜访一位女性朋友，女佣告诉："十分抱歉！小姐要我告诉你说，她不在家。"

斯库特说道："没关系，你就告诉她，我并没有来过！"

这样的幽默处理，以善意的话语说出了斯库特的心情，并对女主人避而不见的做法表达出了讽谏。相信，当小姐听到这种客气的答话时，会忍不住走出来与斯库特相见的。

不论你是高官显贵还是平民百姓，不管你是学生，还是工人，是将军，或是士兵……总之，你都可以利用幽默来获得意想不到的效果。

一个小市民想取笑一个乡下人，他对乡下人说："喂！第一次进城吧？有什么感想？"

"嗯，好像城市都是在田野中建起来的。"乡下人坦然答道。

而对同事或员工的错误采用幽默的方式来指出，不但具有幽默的意境，而且会在和谐气氛中收到事半功倍之效。

女秘书星期一上班迟到了。经理问她："小姐，星期天晚上有空吗？"

"当然有。经理先生！"姑娘乐了。

"那就请您早点睡觉，省得您每个星期一早上上班都迟到！"

大千世界，人生观的差别可谓万千，形形色色的人分别走着各自不同的人生道路，形成了许许多多的人生观。不过，在这里我们向朋友们提个醒：要潇洒地面对人生，就少不了幽默，这对任何人生观都不会例外。

当一个人对人生中的各种困难都抱着乐观态度，那么解决困难的信心便产生了。名人与普通人，他们的人格都是平等的，即使是获得了崇高的荣誉，也不妨潇洒一些，像居里夫人那样：

一天，居里夫人的一个朋友来到她家做客，忽然看见她的小女儿正在玩伦敦皇家学会刚刚奖给居里夫人的一枚金质奖章，朋友大吃一惊，忙问居里夫人："您现在能够得到一枚伦敦皇家学会的奖章，这是极高的荣誉，你怎么能给孩子玩呢？"

居里夫人笑着说："我是想让孩子从小就知道，荣誉就像玩具，只能玩玩而已，绝不能永远守着它，否则就将一事无成。"

嘲笑自己可"征服"他人

人际交往中，在人前蒙羞，处境尴尬时，用自嘲来对付窘境，不但能很容易找到台阶，而且多会产生幽默的效果。所以自我解嘲，自己把自己嘲讽几下，让自己先笑起来，是很高明的一种脱身手段。

在社交中，当你陷入尴尬的境地时，借助自嘲往往能使你从中体面地脱身。

在某俱乐部举行的一次招待会上，服务员倒酒时，不慎将啤酒洒到一位宾客那光亮的秃头上。服务员吓得手足无措，全场人目瞪口呆。这位宾客却微笑地说："老弟，你认为这种治疗方法会有效吗？"在场的人闻声大笑，尴尬局面即刻被打破了。这位宾客借助自嘲，既展示了自己的宽广胸怀，又维护了自我尊严，消除了耻辱感。

由此可见，适时适度地自嘲，不失为一种良好修养，一种充满魅力的交际技巧。自嘲，能制造宽松和谐的交谈气氛，能使自己活得轻松洒脱，使人感到你的可爱的人情味，有时还能更有效地维护面子，建立起新的心理平衡。

人际交往中身在高位者或明星大腕们，与人打交道容易让人感到有架子。可能是因为他人过于紧张、有压力，也可能是这些人还没有摸着与普通人相处的窍门。通常而言，开开自己的玩笑，可以缓解他人压力，还能让一般人觉得有人情味，和普通百姓一样，从而让人心里舒坦。力求个性化、形象化并学会适当地自嘲，往往可以使自己说话变得有趣起来。幽默力量能认同幽默的事物。因此真正伟大的人物会笑自己，也鼓励别人和他一起笑。他们以与人分享快乐来给予并获得，你也能做到！

笑自己的长相或笑自己做得不甚漂亮的事情，会使你变得较有人情味。如果你碰巧长得英俊或美丽，试试自嘲你的其他缺点。如果你真的没有什么缺点就虚构一个，缺点通常不难找到。如果你的特点、能力或成就可能引起他人的妒忌甚至畏惧，那么，试着去改变这些不好的看法。例如，你可以说一句妙语："世界上没有一个人是完美的，我就是最好的例子。"你以取笑自己和他人一起笑，会帮助他人喜欢你，尊敬你，甚至钦佩你，因为你的幽默力量证明你有人情味。

"我喜欢你"导致"我了解你"，进而"我相信你"。于是，你最后达到的目标便是信任。当别人信任你时，你便能影响他们，使他们鞭策自己去发展他们的潜能。这也正是每一个人在与人沟通时、积极向上时的最终目标。

其实不管你是大人物还是小人物，自嘲都能让你倍受欢迎。大人物因自嘲可减轻妒意获得好名声，小人物可以苦中作乐，甚至一夜成为笑星。

传说古代有个石学士，一次骑驴不慎摔在地上，一般人一定会不知所措，可这位石学士不慌不忙地站起来说："亏我是石学士，要是瓦的，还不摔成碎片？"一句妙语，说得在场的人哈哈大笑，自然这石学士也在笑声中免去了难堪。以此类推，一位胖子摔倒了，可说："如果不是这一身肉托着，还不把骨头摔折了？"换成瘦子，又可说："要不是重量轻，这一摔就成了肉饼了！"

由此可见，自嘲时要对着自己的某个缺点猛烈开火，才容易妙趣横生。就这份气度和勇气，别人也不会让你孤独自笑，一般会陪你笑上几声的。

在社交中，当你陷入尴尬的境地时，借助自嘲往往能使你从中体面地脱身。

某人要出国进修，他的妻子半开玩笑地说："你到那个花花世界，说不定会看上别的女人呢！"他笑道："你瞧瞧我这副尊容：瓦刀脸，罗圈腿，站在路上怕是人家眼角都不撩呢！"一句话把妻子逗乐了。

人人忌讳提自己长相上的缺陷，可这位丈夫却能够接受自己的先天不足，并不在意揭丑。这样的自嘲体现了一种潇洒情态和人生智慧，比一本正经地向妻子发誓决不拈花惹草，其效果不是更好吗？此时他在其妻眼里，一定变得又美又可爱。

由此可见，适时适度地自嘲，不失为一种良好修养，一种充满魅力的交际技巧。自嘲，能制造宽松和谐的交谈气氛，能使自己活得轻松洒脱，使人感到你的可爱和人情味，有时还能更有效地维护面子，建立起新的心理平衡。

有理不在声高

幽默的特殊表现力能帮助人们应付多种局面，尤其是能使人聪明机敏地应付某些困境与难堪。因此，幽默有其独特的功效，如缓解矛盾，摆脱困境，转危为安；以苦为乐，笑对人生；化丑为美，洒脱自如；等等。

人们都知道，美国第 16 任总统林肯的长相使人无法恭维，他自己也不避讳这一点。

一次，道格拉斯与林肯辩论，指责他是两面派。林肯平静答道："有人指责我是'两面派'，现在，请大家来仔细看着我的脸，我如果还有另一张面孔的话，我会戴着现在的这副面孔吗？"结果，林肯的话引起听众大笑，而在笑声中显出道格拉斯的指责是荒谬的。

"有理不在声高"这是中国传统的经典语言。幽默也有这样的特点，以理服人，以柔克刚，以静制动，温和亲切，物我两忘，充分展现你的幽默才能和处事不惊的风度，会使你左右逢源、快乐一生。下面就以几个竞选的故事，来展现一下具有幽默感的人是怎样用其独特的魅力来保护自己，赢得胜利的。

造谣中伤在美国总统的竞选中是常有的事。约翰·亚当斯参加美国总统竞选时，共和党人指控亚当斯曾派竞选伙伴平克尼将军到英国去挑选四个美女做情妇，其中两个给平克尼，两个留给他自己。约翰·亚当斯听了哈哈大笑，说道："假如这是真的，那平克尼将军肯定是瞒过了我，全部独吞了！"

如果当时亚当斯怒不可遏指责对方的不义，不但不能解释清楚，反而会"越描越黑"。以幽默的语言作答，这种反击不是更加有效吗？最终亚当斯凭借着他的机智、才干和令人羡慕的幽默感当选了。并且成为美国历史上著名的总统。

加拿大的一位外交官斯却特·朗宁，生于中国湖北的襄樊，是喝中国奶妈的乳汁长大的。他回国后，在30岁时竞选省议员，当时反对派多次诽谤、诋毁他说："你是喝中国人的奶长大的，你身上一定有中国人血统。"

朗宁沉着地回击道："据权威人士透露，你们是喝牛奶长大的，你们身上一定有奶牛的血统。"

这真是绝妙的反击，同时又展示了自己的机智，朗宁最终赢得了竞选。

懂得幽默，善于运用幽默，不但可以保护自己，而且还可以不断提升个人的魅力，为自己赢得更多人关注的目光。

运用美国式抱怨消除敌意

当然，我们不可能欣赏每一个人和每一件事，通常我们只能欣赏那些在感情上能使我们接受的人和事。对那些无法容忍的人和事我们欣赏不了，更多的时候是我们由于受到生活的种种压抑，免不了要发泄、要抱怨。

如果抱怨是采用幽默的方式，那这种抱怨就会来得明朗而有力，并且不致于使自己的情绪受到破坏。

在美国，公司总裁、部门经理、工头、团体领导人、计划主持人等身居领导地位的人，常常是幽默抱怨的当然目标。事实上"取笑老板"已是美国人的传统，就像美国人惯于取笑政界领袖那样。

我们经常听到这样的抱怨：

"嗯哼，我服了。我不得不佩服那些州长候选人。他们回避重大问题的技术太妙了！"

"你发现总统最近有点反常吗？他处理问题谨慎起来了，大概想跟第十二任总统泰勒比比谁伟大吧！"

所有美国总统都被人开过类似的玩笑，无论是他的个性、他的政策，他的成就，都被作为开玩笑的目标。

第三十任总统柯立芝就因为他的沉默寡言而被人开玩笑。1926年，"沉默的柯"到华盛顿国家剧院去观看《椰子》一剧。这出戏由喜剧演员马克兄弟主演。大马克歌唱到一半时，突然停下来，走到台前四下张望。他大声说："总统在吗？他有什么话要上来说吗？"

剧场里轰地一下爆发起了笑声。

在一个公共场合有三个年轻人谈论各自的老板。

一个说："看来我在我的公司里是没有前途了，我的老板没有女儿。"

另一个说："我们老板人还算不错，他为属下做的事情可以用小指头数出来。"

第三个说："我们老板很诈，但也很公平，因为他对每个人都那么诈。"

类似的抱怨多如牛毛，而大多领导人物也能接受别人向他发泄的抱怨。

有的不仅接受，还以玩笑回报他人。

在通用电器公司里，有一个一心想得到升迁的推销员去找老板，对他说："我干得一点也不赖，这是有目共睹的。我真担心你的眼睛得了急性近视症和慢性黏膜炎。"

老板微笑着说："好吧！我考虑一下你该到哪个部门去当负责人。不过在这之前的10年里你得好好干。"

某公司老板为了促使部属按时上班，仅为75名职工提供了50个停车位置。于是职工们争先恐后地提前上班，生怕去晚了车子没地方停放。结果是大家越赶越早，最后有人受不了了，向老板抱怨说："看来你们家只有一张小床。夫人先把自己放上去了，你就不知道该怎么办。"

"这好办，"老板说，"我把自己也放上去，谅她也不会起诉的。"

凭借美国式的抱怨，可以触及对方的痛处，但又不致于使他跳起来。如果他跳起来，那就说明他是一个心胸狭窄、不能正视问题的小人。同时，这种抱怨也使我们自己的心情得到改善，一方面以幽默打消了对方的敌意，另一方面也打消了自己对生活的敌意。

我们要消除对周围人或事的敌意，是因为敌意是一种能致人于死地的毒素，它会毁掉生活。

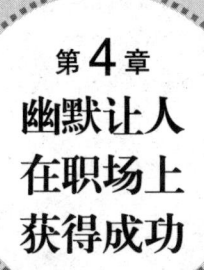

第4章
幽默让人在职场上获得成功

职场是人际关系复杂并且充满压力的地方，在职场生存并不容易。怎样取得职场成功呢？除了专业技术和处世经验外，一个重要的生存秘诀就是幽默。它能帮助你含蓄而豁达地表现自己，帮助你成功与上司、同事、下属交往和沟通，帮助你在逆境中将困难化解。幽默不仅帮你创造和谐的职场人际关系，更是你职位晋升的一个得力帮手。

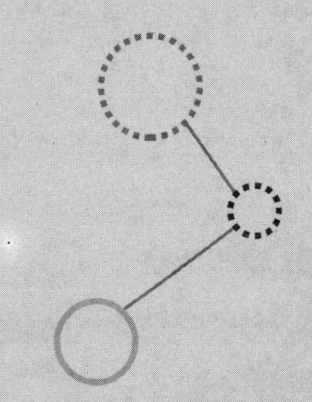

幽默的力量是职场成功的秘诀

不论你从事的是什么行业，也不论是个新手还是老手、经理或职员、董事长或小老板，幽默的力量都能为你的工作增色不少。它能帮助你含蓄而豁达地表现自己，帮助你成功与他人交往和沟通，帮助你在逆境中将困难一一化解。

幽默的力量能帮助你在工作上与他人建立和谐的关系。当你希望成为一个为人们所喜欢和信任的人时，它一定能帮助你实现目标。其中的诀窍是：与人分享欢笑。

现实生活中，不只是名人能运用幽默的力量，从而使自己在纷繁的工作中游刃有余，无名小辈也有自己的幽默天地。

一个吝啬的雇主叫汤姆去买酒，汤姆向他要钱，他说："用钱买酒，这是谁都能办到的，如果不花钱买酒，那才是有能耐的人。"

一会儿汤姆提着空瓶回来了。雇主十分恼火，责骂道："你让我喝什么？"

汤姆不慌不忙地回答："从有酒的瓶里喝到酒，这是谁都能办到的，如果能从空瓶里喝到酒，那才是真正有能耐的人。"

雇主愕然，同时不得不暗中佩服汤姆的机智与幽默，以后他再也不敢随便开汤姆类似的玩笑了。

幽默的力量是助人职场成功的秘诀！在攀登人生顶峰的途中，必然会遭到许多外来的阻力，也一定会有不少的机遇。就阻力而言，首当其冲的就是在心理状态方面，我们认识到这一点，就能将很多转瞬即逝的机遇握在手中，帮助自己成功。但是，也必须付出代价，这就是我们不得不将自己的许多才能和特长撇在一边，以图专心致志地去与他人交往，激励他人。

例如一个人担任中级经理的职位，就需要他经常去鼓舞周围人的士气，帮助同事解决个人在工作中遇到的困难，这一切无疑都是挑战。但是幽默的力量会让他增添勇气，创造条件，享受成功的愉悦。

桃丽丝是一家大公司公共关系的协调人，在一年半之中，她连续雇用、训练并失去了三位秘书，三位都离职另谋他就。

"我是怎么回事？"她开始怀疑自己，"为什么我连一个秘书也留不住？"

有一位同事帮助她看清了自己。"这三位秘书都是在公共关系方面找到更好的工作，你应该感到骄傲，因为你帮她们往上爬。"

"我的困扰就是在于入错行了，"桃丽丝自己打趣说，"我应该去当老师，但是我又教得太好了，下次我不会把秘书训练得这么好。"

在你的工作中，幽默能够造成一股力量去了解、影响并激励他人，同时也造成一股力量去了解并接受自己。要达到这个目的，你可以现在就开始。

具有幽默感的人能使自己对同事的行为保持乐观积极的态度，而不是着眼于同事的错误和缺点。我们应该敞开胸怀去了解并接受人性的小错误，增进更好的工作关系。

学会幽默，你的职场生涯必定一帆风顺。

幽默让你扮演好自己的角色

如果你已经利用幽默力量来帮助你取得成功，你也就能对挫折一笑置之，坦然开自己的玩笑，并且关心别人，更重要的是以轻松的心情有面对自己，以严肃的态度面对自己的新角色。在此我们还是举一些生活实例来加以说明，看看有幽默力量的经理如何扮演他的角色。

艾力是某大公司中一个部门的主管。身为经理，他心理上的问题是："我这部门里的人真正喜欢我吗？"幸而艾力有幽默感，他开始把它发展为幽默力量。我们来看看发生在圣诞节期间的一件小事，他的幽默力量是如何发挥的。

艾力去开一项业务会议回来，发现他属下的职员们聚在办公桌旁，哼唱着韩德尔的神曲《弥赛亚》中的一段——哈利路亚大合唱。由于他的出现促使每个人匆忙奔回工作。

但是艾力没有皱眉头表示不悦，也没有大声责骂，只是说："我想你们并不精于此道。"

这样的一句话并不会惹人捧腹大笑，但是它能发挥有力的效果。艾力用一句"我想你们并不精于此道"的话幽默而委婉地批评了同事们偷懒，而大家也都以微笑来接受艾力含蓄的批评。在以后的工作中再也没有出现这种偷懒的情况了。更重要的是，艾力对他自己心理上的问题也有了一番新的看法："我这部门里的人是真正喜欢我的。"

他发现："如果我喜欢他们，并能与他们一同欢笑，给他们所需要的，那么我也就能得到我所需要的——与同事间每个人建立更好的关系。"

一年到头谄媚拍马的人，对上司而言，不但没有害处，同时更如同空气或水对人是必不可缺的东西一样。因为这种人拍马时可使上司心情舒爽，又可方便地役使他们，但在上司的眼中，他们绝对无法获得较高的评价。

有骨气的人虽不似奉承谄媚的家伙受上司指使，或许甚至不被上司喜欢，但他们的傲气是任何上司都无法轻视的。

例如：加班实在多得令人厌烦时，如果你对上司说明："实际上，如果我再加班下去的话，我太太可真的要往外发展了！"

这么一句话，绝不会有上司会刻薄地回答："你就让她去往外发展好了。"你不从正面拒绝他："我不愿意加班！"而以婉转的口气迥避开主题，这种高明的手段，也可以抓住上司的心理，使他自然而然地产生一种同情心，便于达到你的目的。

这种方法任何人都可能办得成，而且也有成功的机会。

最近常叫下属每晚加班的经理问属下："很抱歉，昨晚让你那么晚下班！你太太没有抱怨什么吗？"

那位属下答道："也没什么，不过今天早上我出门时，我太太却对我这样说。"

"说什么呢？"

"亲爱的，你今晚还要加班吗？"

"那你怎么回答她呢？"

"我说：'嗯！大概吧！'"

"她怎么说呢？"

"我太太说：'那你一定要真的加班哦！不可以太早回来哦！'"

上司器重下属，也期望下属能够替他效力。如果上司常找下属的麻烦，而原因是下属不对的话，下属就得慢慢地改掉自己本身的缺点！但绝不可一举完全改变经常的作风。因为如此一来，将更使上司理所当然地把找麻烦的心理更趋向于合理化。

认知自己的缺点以及未成熟性是幽默的条件之一。接下来的步骤是让对方谅解我们的缺点和不成熟性。如果你有原谅自我的宽容性的话，就不会斤斤计较于上司的想法如何了。然后找机会面带微笑地对上司说："经理，偶尔也让我好好地请你一次嘛！"

即使你没有相当成功地招待他吃喝一顿，也仍然可以此作为缓冲彼此对立的媒介。说不定他会认为你有意对他屈服而改变对你的强硬态度呢。

职员："经理，您实在是爱好工作的人！"

经理："我正在玩味这句话的含意。"

职员："因为您一直都紧紧地盯着我们，看我们是不是正在工作。"

在老板面前不说些俏皮腔的话，就不能语惊四座，也没法使老板对你另眼相看。不过遗憾的是，能和老板谈俏皮话的机会太少，而且另一方面如突然在老板面前过分地开玩笑，则有损于他身为老板的威严，那可太不恰当。

因此，最好时刻留意能够和老板面对面谈些风流俏皮话的时机，特别是两人并列在一起方便或洗手时更加机不可失。同时，那种时候也是你们日后能够说悄悄话，当老板心腹的大好时机。

"只有两人单独相处时"这是最重要的先决条件。因为两人单独相处即会自然地产生亲近感，出现有如朋友般的亲切感。和其他高级主管间的距离感，也会经由讲俏皮话的"同伴感"而拉近彼此之间的差距。

在你爬上顶峰的途中，会遭遇许多阻碍，也许有许多障碍。其中一个障碍也许是在心理上对新工作的适应困难。成功的一个代价，是要我们把自己的许多才能和专长撇在一边，专心与人交往，激励他人。

也许我们在心理上很难接受这个观念。如果你自认是世界上最好的老师、秘书、会计或工人，那么你刚当上校长、督导、经理或工头的时候，也许不会快乐。毕竟，发挥个人才能要比处理不断的人事问题要舒服多了。

在职场中保持幽默的性格

某公司的职员被外调至分公司服务。决定人事变动的经理以安慰的口吻对他说：

"喂！你也用不着太气馁，不久以后，我们还是会把你调回总公司来的！"

那位被调的职员以第三者旁观的口气，毫不在乎地说道：

"哪里？我才不会气馁呢！我只不过觉得像个董事长退休的心情而已。"

这才是个能做精神上深呼吸的人。

大饭店的老板在走廊的尽头墙角下碰见一个表情非常悲伤的擦鞋匠。于是他把手搭在擦鞋匠的肩上，和蔼地安慰他："先生，你用不着这么悲伤的，我年轻的时候也当过擦鞋匠。但是你看，我现在是这家大饭店的老板。因为这是自由竞争的社会，每个人都有出人头地的一天。"

擦鞋匠一听更加悲伤："是呀！我从前也是一家大饭店的老板。但是你看，现在我却是个分文不名的擦鞋匠……"

这就是自由竞争社会下自由竞争的法则。

所谓的幽默感并不是说不是正道，而是能够透视事物的正反两面。

在所有的职业中，并非一下子就能找到能够完全发展我们才能的合适职位。当我们尚不能施展特长而被认定为新手时，也用不着在意。希望大家能够拥有幽默高手那般恢弘的气度才好。不过，万一无论如何也沉不住气时，不妨对看轻我们的上司说："请问您是否听过这么一个笑话！"且看他的反应如何。

假如你对于装疯卖傻的演技颇有些许心得时，无妨也在对你颇有微词的前辈面前，以若无其事的态度告诉他下面的小笑话，且看他的反应又如何呢：

"幸好我正好娶老婆了。"

当然你的前辈无法了解你这一句话的意思，必定会一副茫茫然的样子，莫名奇妙地看着你！

就在这时候，你可以不声不响像自言自语地对自己说：

"所以我现在才习惯别人对我的唠叨了……"

如果你能够微笑着说的话，这位前辈也必会露出会心的一笑吧！而就在你表现出沉着的大家风范，且前辈又似乎对你放松敌意时，就正好有机会使他改变对你以往的错误观念。

无论是在人事变动时被派到分公司，或转任较低职位的工作，都无须气馁颓丧。因为世事变化无常，就算被分至分公司，也是培养实力的大好机会。下面的笑话，对于被降职的人来说，必定是个苦涩的笑话。但我们选择这个笑话的目的是要各位实际体会幽默的滋味。对于降职者来说，如果有余裕的心情看别人的境遇和自己的遭遇的话，所谓的降职也只不过是人生际遇之一而已。事过境迁，而当你做个深呼吸之后，必能冷静地下定决心："好吧！我就干给你们看吧！"具有幽默感的人必定能够这么做，而能以此种心境泰然处之的人，也早已具备幽默的性格了。

对棘手的工作保持幽默的态度

对棘手的工作，保持幽默的态度，能帮助我们避免错误并防止失败。

"想想生活的光明面，"有一位经理建议下属以幽默力量来看日常生活中的苦差事，"去他的现实！"

假设你自己处在下列几种情况，会如何处理？

你是老板，公司业绩一直平平稳稳。

"平稳？其实是不动！"你可对属下这样说，"你们可知道最近一次寄来订单是在两周前吗？那次是订两杯咖啡和一个圈圈饼。"

你是个推销经理，下面的推销员个个垂头丧气。怎样改善这种局面呢？请听听高明的推销经理是如何说的：

"每一个优秀推销员的敌人，是闲荡、喝酒和无所事事。各位先生，我要恭喜你们，因为你们已经学会了爱你的敌人！"

你正和爱挑剔的顾客打交道，幽默是最有效的工具。

在一个汽车展示场上，一对年轻夫妇对那辆小型汽车的价钱颇有微词。

"这几乎等于一辆大型汽车的价钱了。"那位丈夫抱怨道。

销售员说："当然，如果您喜欢大车的话，同样的价钱，我可以卖给您两台大型拖拉机。"

社会的需求是多方面的，工作的种类也是五花八门的。不管你从事什么样的工作，都请用轻松愉悦的态度去面对挑战。记住：不妨幽默一下！

幽默能让职场关系融洽

如果我们尖刻地批评一位处理工作不佳的同事，实际上并不会取得什么理想的结果。受批评的同事只会因经常的批评而逐渐丧失工作自信心，产生抵触情绪，我们自己也会因此而失去他的信任，得不到成功的合作。但是，我们如果"以对方为中心"，多从对方的角度考虑问题，就很容易打开对方意欲关闭的心扉，取得沟通的成功。

凭幽默力量来获取成功！以幽默而友善的方式代替批评，对工作上出了毛病的同事，以笑来化解尴尬。果真如此，你和你的同事将都是赢家。更甚于此的是，你的同事会因此觉得能自由自在地与你一同笑。

西奥多·罗斯福在任总统之前，曾在海军任职。一天，一位朋友向他问及在某地生产潜艇的计划，罗斯福看了看四周，压低声音说："你能保守机密吗？"

"当然能。"朋友保证道。

罗斯福微笑着告诉他："我也能。"

有关搞潜艇的计划，属于军事秘密，保守军事机密属于罗斯福正常的职责范围，因此，他完全有理由斥责朋友无知。但罗斯福天生的幽默感使他用善意的幽默引发的微笑取代了苛刻的批评，结果既不伤和气，又达到了目的。

幽默力量能改善你的将来

不论你如何运用幽默力量去做，不要期望每一次都得到别人的齐声大笑。但一定要让你的幽默力量表现在你富有创意的行为里。以下是一个实例：

一位公司的老板带朋友参观整个办公室——包括几个隐蔽的小房间。每一个小房间里坐着一个年轻人，正拼命打字。当朋友问这些年轻人是做什么的，老板解释道："他们是我的基层职员。"

"那么他们为什么要打字呢？"

"我自有计算，"老板回答说，"我雇一个基层职员，只需付相当于一个速记员一半的薪水！"

但是，要改进老板与属下之间的关系，最重要的应该是——每位经理和居于领导地位的人，都把他的将来交在属下的手中。

当你运用幽默力量去帮助别人更有成就时，你会发现不仅更容易将责任托付给她人，而且能更自由地去发展创意的进取精神。幽默力量能改善你的将来——因为你的下属或同事会认同你，感谢你坦诚开放的能力以及分享好笑、趣味的思想，轻松面对自己的能力。

某一天，英国各大报纸不约而同地登出一则"征婚"广告：

"本人喜欢音乐和运动，是个年轻而又有教养的百万富翁，希望能和毛姆小说中的女主角完全一样的女性结婚。"

广告登出后，那些随时准备爱上、日夜梦想嫁给百万富翁的小姐们，纷纷将毛姆的小说买回去躲在香闺里读；那些时刻惦记着给女儿们安排个好归宿的太太们，也哄抢着将书买来当礼物送与女儿做"教本"。

几天之内，伦敦各书店内毛姆的小说被抢购一空。没想到百万富翁的魅力成就了小说家的大名。当然大家更没想到的是那位登广告的男士——毛姆本人。

幽默与想象力为毛姆创造了成功的机会，他利用了广告，并发现了广告中幽默情趣的力量。他与读者开了一个玩笑，机智地卖了他的书，成了他的名。

一家公司为新出品的燕麦片做广告。广告画面上，一碟燕麦片旁立着一尊世人熟知的维纳斯雕像。她依然是那么仪态万方，婷婷玉立，但是她那高雅悠然的神情之外，还流露出一种悲哀或深深的遗憾之情。她呆望着那碟燕麦片，无可奈何。

画面下的广告词幽默巧妙，一语道破天机："假如她有双臂的话……"

假如维纳斯有双臂的话，她一定会伸向那盘燕麦片！这是广告主的想象与期望。

幽默是人类生活中一种宝贵的精神财富，是我们轻松生活、克服困难、渡过难关的优秀品质。"如果你笑，所有人都跟着你笑；如果你哭，就只有你一个人哭。"广告需要最大限度地博得人们的好感，有什么方法比幽默更有效呢？尤其在我们这个时代，当广告在我们的生活中像空气和水那样普遍时，当人们有时觉得没完没了的广告干扰竟像夏日的蚊虫那样讨厌时。

一位教育家曾指出：幽默时常具有劝说与敦促的功能，现在大多数广告平淡寡味，令人不忍卒读、不忍卒闻，如果在广告制作中运用幽默技巧，一定能提高广告信息的接受效果。

幽默装饰了广告，它给人一种轻松、快意、欢喜满足的感觉。幽默以一种轻松自由的生活态度，排除了人与人之间的冷漠、隔膜、猜疑、不信任，也消除了广大消费者对广告的怀疑心理和戒备心理。

幽默以一种不可抗拒的魅力，启发大众的趣味，把他们带入一个没有顾虑的天真自由的世界，从而在一种自然的传播默契中诱发人们的购买欲。

幽默广告应使幽默与广告密不可分，让幽默为广告服务。如果广告不能推荐商品，诱发购买欲，那么再幽默的广告也是徒劳的。幽默广告既要幽默，又要清楚地交待关于商品的一切必要信息。

在幽默广告中，可以笑天笑地，可不能开自己产品的玩笑，因为广告的目的正是推销自己的产品。消费者不买东西，他们能够活下去，你却活不下去。他们要买东西，最好让他们买你推荐的。在广告艺术中，产品始终是明星，是广告中的英雄。

即兴玩笑、自我打趣、意想不到的动作、夸大荒诞的情节、让人大吃一惊的见解……在幽默广告中都可以使用，只要它有助于推荐商品，赢得大众对商品的好感。

棕榈泉一家餐厅门口写着：

"晚餐特价供应，下午5点至7点。"

"别忘了，早起鸟儿才有虫吃。"

这则广告以幽默的笔调巧妙地招徕顾客。"早起鸟儿才有虫吃"，诱语式的调侃不但不会使顾客恼怒，反而让他们觉得可笑有趣。

幽默广告可以拿消费者作善意的打趣，也可以自我解嘲，玩笑同时开到主客头上，能让顾客更感亲切。

一家餐厅在门口的招牌上写着："请到这里来用餐吧！否则你我都要挨饿了。"

世界上任何东西都可以成为幽默的对象。但在广告中，我们要极力避免去打趣主题商品。你在推销你的产品，那么就该让它充当你幽默广告中的正面角色。

说话对于人类来说，具有无法估量的作用，它是人类有别于其他动物的主要标志之一，也是人类数十万年来得以繁衍生息、生存发展一种重要手段。

说话很重要，而说话的方法则更为重要，也许世界上没有人不喜欢风趣幽默的语言。幽默的话，能抓住听者，使之平心静气；幽默的话，可以使一些深刻的思想表达得更为浅显，更加生动。

运用幽默方式表现人情味

每一个有经验的官员都知道，要使身边的下属能够和自己齐心合作，就有必要将自己的形象人性化。这个心理学与社会学范畴的观点广为商业、工业、教育、政治、文艺等各界的领导者所采用。有人问肯尼迪总统："你是怎样在二战中成为英雄的？"他回答说："这可由不得我，是日本人炸沉了我的船。"这句妙答使肯尼迪的形象人性化了，人们并没有从中感受到肯尼迪是个了不起的大人物，相反，人们为他表现出来的普通的情感而高兴。

有一位年轻人新近当上了董事长。上任第一天，他召集公司职员开会。他自我介绍说："我是杰利，是你们的董事长。"然后打趣道，"我生来就是个领导人物，因为我是公司前董事长的儿子。"参加会议的人都笑了，他自己也笑了起来。他以幽默来证明他能以公正的态度来看待自己的地位，并对之具有充满人情味的理解。实际上他委婉地表示了：正因为如此，我更要跟你们一起好好地干，让你们改变对我的看法。

有时我们确实需要以有趣并有效的方式来表达人情味，给人们提供某种关怀、情感和温暖。据说有位大法官，他寓所隔壁有个音乐迷，常常把电唱机的音量放大到使人难以忍受的程度。这位法官无法休息，便拿着一把斧子，来到邻居门口。他说："我来修修你的电唱机。"音乐迷吓了一跳，急忙表示抱歉。法官说："该抱歉的是我，你可别到法庭去告我，瞧我把凶器都带来了。"说完两人像朋友一样笑开了。

这位法官并不是想把邻居的电唱机砸坏。他是恰当地表达了对邻居的不满——请注意：是对音响而不是对人——他的行为似乎是对音乐迷说："我们是朋友，我希望和你好好相处，至于唱机是唱机，可以修理一下。"当然，所谓"修理"只是把唱机的声音开低些罢了。这一切，处理得极其艺术，没有拿出大法官的派头，没有指责，也没有恐吓。他对人表现出温暖的情感，同时也使得自己成为有人情味的法官。

这时候，尤其不能用讽刺，讽刺一般都少有人情味，也很容易残忍刻薄。

这里所说的"人情味"，是真正的，出自内心的。我们不妨再看看林肯总统幽默中的人情味。有一次，林肯为一位放弃岗位的军人辩护，他对这位军人的长官说："这件事，我交给你自己去决定。如果全能的上帝赐给这个人一双胆怯的脚，那么，他又怎么能使他不跟着这双脚跑呢？"

的确如此，林肯对那位有致命弱点的军人充满同情，他以人之常情抚慰他，但这决不会使其他军人效仿于他。

以关心他人的方式来表达幽默

当别人取笑你时，最适合平息风波的方法是跟着他一起取笑你自己。如果你是个领导者，更要表现出这种开明豁达的领导者风度。但这种笑并不是指以自己为中心，而是以关心他人的方式，来邀请他人同你一起笑。

比如你说："我说这销售图表上的指数怎么这么高呢，原来我拿倒了！"

或者说："我的秘书说我太固执，因为我要求他把两个相同的字写得一模一样。"

应当指出，一般领导者很容易自以为是，他们未雨绸缪，每说一句话就期待得到别人的一次齐声大笑。这样的领导者特别叫人受不了。

住在圣路易斯的杰克，原先在一个农业新闻周刊工作，他因为实在受不了老板的"幽默"，辞职转到图书馆去工作了。

"我的老板，是世界上最伟大的幽默家之一，"杰克说，"至少他经常说笑话，就数量而言，称他为幽默家也当之无愧。"

"他在办公室里设了一个建议箱，多半从里面得到些笑话来讲。但是他太喜欢自己的笑话了，常常得花许多时间去瞎编。"

"他亲自掌管建议箱的钥匙，每天要开一次箱子。一打开箱子，就滔滔不绝地说起来。他说这建议箱真不错，是用上好的松木制成。他说建议箱里的风光迷人，有男女老少，姑娘们秀色可餐。说完他就用期待的眼光望着大家，等待我们在他经营笑话的时候微笑起来。"

"可是我们笑不起来。于是他从箱子里取出一张字条，念起来。记得有一次他念道，'我建议老板放一只大风筝，然后跟着它跑到湖里去'。接着他照例等待我们笑起来。"

"我们没办法，我们要保住饭碗，不得不从嗓子里挤出"咯咯咯"的干笑声。"

杰克最后说："我终于领悟到，我再也受不了这种日复一日的'有趣'轰炸了。因此我不笑了，工作也不干了。是不是真的有人在那该死的箱子里投进建议？我到现在还怀疑！"

这样的老板实在太可怕了。这是一个地地道道的精神剥削者。

有许多老板却别有一番幽默的情致。比如有一位老板对女秘书说："我不知道你一分钟可以打多少字，但我知道你一分钟可以擦掉33个字。"这句话里无疑隐含着恭维。

还有一位老板，他对刚采购来一台电脑的采购员说："这是什么？难道你想用它来取代我这个自大的家伙吗？"

这样的老板或领导人明白，他的将来在很大程度上是掌握在部下手中的。所以他不断改进与部下之间的关系，随时制造和谐、平等的气氛。

用幽默争取客户的合作

你可以运用幽默制造笑声，使顾客在笑声中接纳你的建议。当问题发生在公司与客户之间的关系方面时，幽默的力量也能帮助你取得共赢的结果。如果你正和爱挑剔的顾客打交道，幽默是最有效的工具。

在拥挤的百货大楼里，一位女士气愤地对售货员说："幸亏我没有在你们这里找'礼貌'，在这里根本没有'礼貌'。"

售货员想了一会，说："你能不能让我瞧瞧'礼貌'的样品？"

女士想了一会儿，会心地笑了。

拥挤使女顾客不快，售货员用一句幽默的话令顾客会心一笑，把顾客的不愉快化为乌有，从而争取到顾客的合作，成功化解了一场矛盾。当自己或单位提供的服务不周到时，采用幽默的方式道歉同时解释原因，能够在笑声中得到顾客的谅解和合作，这正是幽默力量的所在。

在我国南方的一个火车站，由于天气状况不好，又赶上将要过春节了，客流量相当大，影响了车辆的正常运行。候车室里挤满了要赶在节前回家过节的乘客。乘客们焦急地等待着误点的火车，但火车却一再误点。这时一个不冷静的乘客拉住一位车站工作人员大声嚷嚷说："你们并没有按照列车时刻表运行车辆，还在候车室张挂列车时刻表有什么用？"显然，这个问题并不是车站普通工作人员所能解决的。如果车站工作人员不冷静，说什么："这不关我的事，你有能耐去找领导。"这样就会发生争吵。但这位工作人员说："出现误点的情况我们也很着急。不过，要是当真没有挂列车时刻表的话，也就无法说出火车误点多久了。您说对吗？"一句幽默的回答，使生气的乘客也无可奈何地笑了。

遇到这种情况，车站工作人员真诚坦率地承认出了麻烦，要为乘客设身处地地想办法；如果问题一时解决不了，车站工作人员与乘客就要相互信任和理解，要及时沟通，消除敌对情绪。

有时候，客户的过期账单会堆得愈来愈高，这通常就成了亟待解决的问题。这个客户如果是老客户，又是大客户，这问题多半由上面——公司老板亲自处理。看看下面这位老板是怎么向客户催款的。

"你知道，李强，我们很感谢你与我们的交易，"老板可能会在约客户午餐或晚餐时这样说，"但是你的账目到现在已经过期10个月了。可以说，我们照顾你已经比你母亲照顾你还要久了。"

问题很可能就此得到解决，因为这位老板能对问题做趣味的思考。

那么，你该如何使用幽默这个有力武器来争取到客户的合作？以下是一些建议：

在开口之前先试着判断客户是哪种类型和风格的人。正确的幽默对你的帮助多大,错误的幽默对你的损害就有多大。

被巧妙地插入谈话中的幽默会使顾客喜欢上你。但要提醒的是,任何时机都不适于对不熟识的人使用政治、种族或宗教幽默。不要不合时宜地使用这类幽默。

你可以讲一讲个人经历的而不是编出的幽默故事。比如你办公室里、你孩子身上和你小时候的趣事。对方肯定是第一次听说。还可以把幽默故事记录下来,这样你在下次同客户谈话时就能很快记起有关上次谈话的内容。

你还可以用幽默把问题变成机会。你想在电话中用30秒时间介绍一下产品并订下约会。顾客问:"怎么收费?"你说:"噢,这个电话是免费的。"

幽默地向顾客推销

作为一个推销员,如果你在顾客面前表现得压抑、死气沉沉、没有活力……顾客会是多么失望,因为他们原本希望你带给他们一些快乐,而现在他们实在是没有时间去承受你的折磨了。你完全可以诙谐一点,活跃一下气氛。

有一家公司的总裁说:"我专门雇用那些善于制造快乐气氛,并能自我解嘲的人。这样的人能把自己推销给大家,让人们接受他本人,同时也接受他的观点、方法或产品。"缺乏笑声的推销活动是失败的。严肃或者呆板无异于自掘坟墓。要有效地避免这种情况,就必须掌握幽默的技巧。

有一位推销旅行用品的新手,在路上碰到一位老前辈,就向他大诉苦经。

"我做得太不好,"他说,"我每到一个地方,就受人侮辱。"

"那太糟了。"老前辈深表同情,"我没法理解那种情况。40多年来我到处旅行推销，我拿出来的样品曾经被人丢到窗外，我自己也曾被人丢出去过，被人踢下楼梯，被人用拳揍在鼻子上，但是我想我比较幸运些，我从来没有被人侮辱过。"

一个人能够以如此达观、幽默的态度对待工作和生活，他还会有什么克服不了的困难呢？

广告宣传是现代营销的重要环节，在幽默的广告宣传的配合下，推销能够取得事半功倍的效果。

美国某公司为了使"R. k. d生发剂"在法国市场上打开销路，公司老板委托巴黎一家药店的老板为总经销商，全权代理"R. k. d生发剂"的销售。这家药店的老板是一位27岁的年轻人，颇懂幽默技巧，他雇了10位秃头的男人做他的销售员。他在10个光秃秃的头上写上"R. k. d生发剂"的字样，还配上一些稀奇古怪的画面，让他们走街串巷进行宣传。

用人脑袋做广告，这的确新鲜而有趣。因此，这则令人捧腹的秃头广告一出现，就在巴黎大街上引起了轰动，巴黎的各种新闻媒体也纷纷报道这一举世罕见的广告。这无疑又为这家公司做了免费宣传。于是乎，公司的财源滚滚而来。

在推销中，没什么比幽默更有利于和顾客建立起良好的关系。幽默是一种接合零件，而且经常揭示出人们头脑中的偏见和成见。它把销售过程拉到一个真实轻松的气氛中。很多实话都是通过幽默的方式被说出来的。如果你仔细去体会一位顾客的玩笑，你经常会在其中找到他们的想法，发现他们的真实需求。

在推销活动中，我们总是希望迅速有效地改变客户的态度，但一定要注意方法。尤其是在你需要拒绝客户所提出的要求时，你千万不能直接加以否定，而是要采取尊重客户的做法：利用幽默技巧，巧妙、间接地暗示顾客，让他心里清楚你是理解他、尊重他的,只是他提出的要求太苛刻了,你实在办不到。这样,顾客从你那里获得了心理上的满足,同时心里会产生自责感,这种自责感,就成了推销的突破口,使推销一举成功。

幽默是推销活动的润滑剂,它能制造一个愉悦的交际气氛,化解不愉快,改善与顾客的关系。如果你能够让顾客笑出来,就能够让顾客把钱掏出来!

幽默沟通中的"双不"原则

当你在使用幽默去与人接触,传达自己和接受别人的信息时,千万要注意下面两点。

首先是不要表错意思。

表错意思可能铸成大错。如这则故事——修车厂工头对新来的工人说:"你看,我把绞钉放在这里。我一点头,你就用锤子敲下去。"

"好吧。"新来的工人说。他等工头一点头,便用足力气把锤子敲下去,敲在工头的头上。

工头呻吟一声:"天哪,我还有一个妻子四个孩子……"

当然,这是笑话。它说明表错意思或含混不清的语意会产生严重的后果。

密苏里州立大学图书馆馆员赫斯特小姐,曾经给幽默杂志写过一个真实的笑话故事。其主人公是个名叫珍妮的女秘书。

珍妮刚接秘书工作不久,办公室的同事告诉她说,老板是个好色之徒。她们说:"你千万不能靠近他办公室里的躺椅。"

不一会儿,老板唤她进去,她手里拿着记事本,很小心地四下张望。她检查了每一个角落,就是找不到什么躺椅。

老板不满地问："你怎么啦？难道你不知道我有急事要你办吗？"

她不知所措，不明白"躺椅"只是同事们随便扯来的"幽默"话。结果她在第二天被革职了。

临走的时候她才真正大吃一惊：她居然一点也没有弄懂同事们的意思。可见那个"幽默"几乎是个骗局，害了自己。

所以开幽默玩笑不能表错意思。

其次，不要讲令人不快的荤笑话。

黄色的、下流的、低级的笑话会污染生活，使人变得猥琐、庸俗，听者也会对你产生厌恶感。

有关性的笑话或有关身体机能的笑话，极容易伤害人。况且它谈不上会与人沟通。所以主张"净化幽默，不说脏话"。

至于究竟什么是干净的，什么是脏的，各人的意见和反应各不相同。如果你对某一则笑话或故事有疑问，最好避而不用。

即使用词不脏，也不太黄色。比如反映人们坏行为的某种幽默：

甲："你听说丙的事吗？"

乙："我听说他最近经常出来散步，因为他家有客人了。"

甲："不，那是前天的事。昨天晚上，有人告诉他说：'杰克，你老婆在家里跟别人睡觉。'杰克气得大叫起来，'她想给我戴绿帽子？办不到！'说完他提着一把枪赶回去。他冲进家门，一枪把前来迎接他的狗打死了。"

上面这则幽默一般不会引人发笑。即使有人笑了，那笑也是混浊的，缺乏愉快的；笑过之后，人们心里会产生不安，会感到生活的色彩又暗了一层。

第5章 幽默让个人充满魅力

　　幽默的魅力充分显示了个人的修养内涵。一个有品性、有教养、有风度的人，才能完美地诠释幽默的全部妙趣。在生活中，我们可以看到，言行幽默风雅的人，他们往往睿智、宽容、坚韧。在工作中他们激流勇进，在生活中他们平凡、超脱。他们关注生活，关注社会，也关注那些需要帮助的人。他们怀着一颗感恩的心，爱惜生命，尊重每一个人。只有具有魅力的人，才能是生活的强者。

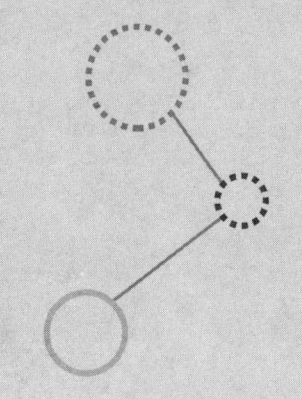

幽默风趣可提升个人魅力

具有怎样特征的人才更吸引他人呢？一般人会说出友善、热情、开朗、宽容、富有爱心、乐于助人、幽默、有责任感、工作能力强等等许多的特征，但相关专家提出：在这所有特征中间最重要的莫过于幽默了。这并不是说其他的特征不可贵，因为在人与人的交往过程中没有太多的机会展示那些特质。

假若把各种优良特质比作钻石的各个侧面，幽默感则是钻石直接面向我们的那一面，可以直接折射出智慧的光辉。

在古代，"桃李不言，下自成蹊"是为人所称道的交往观念，意思是说：桃树、李树虽不说话，却因为它们的鲜花和果实而把人们都吸引过来，以至于树下都被踩出了小道。

在现今社会中，人与人的交往强调以吸引力为基础，即使你再优秀再能干，如果你不会"自我展示"，也不太容易引起他人的注意。

在有限的时间和空间之内，哪怕是初次见面和一次晚餐上，幽默都能让你一展才华。从而给人留下深刻印象。

我们应该以温和亲切的幽默展现品位和风度。幽默的特征之一是温和亲切，富有平等意识和人情味。学会运用这种幽默方式，能够提升你的个人品位和绅士风度。

巴顿将军由于职业和性格的关系，他对自己家庭的内部机制运作，也采取了准军事化的模式，突现巴顿的风格。

儿子的卧室——写的是"男兵宿舍"

女儿的卧室——写的是"女兵宿舍"

厨房——写着"食堂"

客厅——写着"会议室"

那么，他们夫妻的卧室应该挂上一块"司令部"的牌子吧！

可是没有。那上面写的是——"新兵培训中心"

能够在施展幽默时，保持平稳，有绅士风度，能够控制好各种情绪波动，将幽默的语言平淡地说出来，这是高手。因为越是这样越能和一般的幽默所产生的效果形成强烈反差。因此温和亲切，不仅能提升自己的品位风度，更能增强你的语言幽默效果。

幽默可让自我得到充分展现

我们每个人都具有与生俱来的表现欲。在人际交往中，我们总希望自己能够如鱼得水，游刃有余，成为大家瞩目的焦点，受到许多人的欢迎。因此，我们总是努力想使自己展现出最好的形象。其实要有效地表现自我，有一条捷径，那就是幽默。

运用幽默，可以让你口比莲花，舌绽春蕾。

几个朋友交谈，急性子的甲总是打断乙的话，使乙无法完整地表达出意思，这时乙站出来说：

"对不起，说话要排队，请不要中间插队好吗？"

这句话把大家的注意力都吸引到乙身上来了，甲发现乙抢了他的风头急中生智，也来了一句：

"请不要扳道岔！我现在重播一遍自己的观点。"

这时甲便也运用幽默的力量表现了自己，扳回了一局。

可是乙又接着说：

"那好，我也把自己加了着重号的意见再说一下。"

在这样的层层幽默的推进下，不仅在场的每一个人都受到了感染，甲乙二人也在互动的幽默中展现了自我的非凡魅力。

要想运用幽默手段表现自我，重要的是要懂得临场发挥，抓住每一个机会为自己所用，像上面的例子就是如此，只要你有足够的机智和智慧，懂得如何随着情境的变化而进行幽默，那么，生活中的每一个瞬间都是你表现自我的舞台。

在美国一个大饭店里，女侍应生在为一位顾客端上来一份芥末土豆泥时，顺便问道：

"您是干什么的？"

"我是葡萄牙国王。"

"噢。这个工作倒不错！"

这位女侍应生真幽默，将当国王看作是一项工作，把自己上升到了和国王平起平坐的地位，很好地表现了自己。

在当代家庭中，丈夫的事业，常需要妻子出面帮衬，以求事半功倍之效。

有一位丈夫，常在晚上把客商带到家里来，让妻子准备饭菜，边吃边谈生意，不到夜深人静不收场。时间一久，妻子吃不消了。尤其有了小孩之后，又操持家务又带孩子，妻子被疲劳压得透不过气来。

后来，她想出了一个好办法，就近找了家小饭馆，丈夫把客人带来时，妻子也出面接待，入席坐定后，她还为每个客人夹菜，一边笑着说：

"希望筷子的双轨，能给各位铺出一条财路！"

然后说明自己要回家照顾孩子，转身告退。

这位贤内助美好得体的举止，赢得了客人的欢迎，也博得了丈夫的满意，因为她很好地表现了自己。

幽默是展现自我魅力的极佳方式，只有具有幽默感的人才能在社交场中处处赢得他人的青睐和喜爱。

幽默助你展示着豁达的品格

幽默展示了一种豁达的品格。豁达是对人性的一种肯定，亚里士多德就曾经说过："幽默发现正面人物在个别缺点掩饰下的真正本质。我们正是这样不断地克服缺点，发展优点，这也就是幽默对人的肯定的力量之所在。"

在半夜时分有小偷光临，一般不会令人愉快，可是大作家巴尔扎克却与小偷开起了玩笑。

巴尔扎克一生写了无数作品，还是常常不免穷困潦倒，手头拮据。有一天夜晚他正在睡觉，有个小偷爬进他的房间，在他的书桌上乱摸。

巴尔扎克被惊醒了，但他并没有喊叫，而是悄悄地爬起来，点亮了灯，平静地微笑着说："亲爱的朋友，别翻了，我白天都不能在书桌里找到钱，现在天黑了，你就更找不到啦！"

幽默显现了一种宽阔博大的胸怀。有幽默感的人大多宽厚仁慈，富有同情心。幽默不是超然物外地看破红尘，幽默是一种积极豁达的人生观念。

豁达不是伟人的专利，普通人也能分享这种修养。中国是"吃"的国度，人口又多，因此餐馆之多，恐怕也是世界第一，餐馆也就成了人们的主要公共活动场所之一。

有一位顾客正在一家小餐馆进餐，吃到一半时，他突然高喊："服务员，快来呀！"

在场的人都吃了一惊，当服务员赶来时，他不慌不忙地朝饭碗里指了指，说道："请帮我把这块石头从饭碗里抬出去好吗？"

这种幽默得近乎艺术化的表达比起板起面孔的训斥要好上何止百倍。华盛顿总统曾经说过："世界上有三件事是真实的——上帝的存在、人类的愚蠢和令人好笑的事情。前两者是我们难以理喻的；所以我们必须利用第三者大做文章。"

幽默元素让寒暄充满乐趣

寒暄是人们日常交流中的一个重要方面。因为经常见面的熟人，不可能总有很多话要谈，也没有多余的时间一见面就站在路边没完没了地聊；而一旦碰见了熟人，如果因为嫌麻烦而不打招呼也过于不近人情，更无法缓冲熟人相遇时所产生的下意识的紧张情绪。

但是过于一般的寒暄常常使人觉得生活乏味。为增添生活乐趣，维护良好的人际关系，可以在寒暄的时候打破常规，注入幽默元素。下面是一个典型的有关寒暄幽默的故事：

连续下了几天的大雨，某公司同事们见了面，一个人说："这天怎么老是下雨呀？"一位老实的同事按常规作答："是呀，已经6天了。"一位喜欢加班的同事说："嘿，龙王爷也想多捞点奖金，竟然连日加班。"另一位关注市政的同事说："房管所忘了修房，所以老是漏水。"还有一位喜爱文学的同事更加幽默："嘘！小声点，千万别打扰了玉皇大帝读长篇悲剧。"

很多有幽默感的老年人很喜欢晚辈和他们开一些善意的玩笑。所以，当你刚出门就遇见老年邻居时，你就可以幽默地和他们寒暄一番，这样很容易就能和他们搞好关系，一般情况下，他们还会逢人就夸你会说话。

一个大热天，小王赶早趁天气凉爽去公司上班。她刚出家门，就看见邻居刘大妈大清早就在树阴下练腰腿。她走过去神秘地对刘大妈说："大妈，这么早练功，不穿棉袄，小心着凉啊。"一下子逗得刘大妈哈哈大笑，笑着骂道："你这个鬼丫头！再不走你上班可要迟到了，现在都9点多了。"小王一听赶紧看看表，才8点半。看到刘大妈在那里得意地笑才知道自己上当了。以后，每逢刘大妈见到小王都非常主动和小王打招呼，逢人就夸小王聪明伶俐，还张罗着给她介绍对象呢。

很多时候，新近发生的大事件会成为人们寒暄中的话题。因为，大事件是大家都关注的，人们可以从中找到共同的语言，可以避免在寒暄中话不投机而导致尴尬。下面就是一个利用大事件在寒暄中制造幽默的例子。

前些年因为厄尔尼诺现象的影响，气候反常，快到夏天的时候人们还穿着毛衣。很多熟人见面后的第一句话就是：

"气候太反常了，都过了农历四月了，天还这么冷。"可是，有一个幽默的汽车司机就不那么说，他见到同事李师傅的时候说："李师傅，这不又快立秋了，毛衣又穿上了。"他见到邻居张大爷的时候也会故意幽默地问："张大爷，您老也没有经历过这么长的冬天吧，到这时候了还这么冷？"恰好张大爷也是一个幽默人，他笑着答道："是啊，大概老天爷最近心情不太好，老是板着一副冷面孔。"

现在人们的生活水平提高了，人们都喜欢以"夸别人富有"作为寒暄中的话题，尤其在农村，这种看似俗气的寒暄更是常常会发生。其实，在寒暄中逗乐似地夸别人富有，也会收到很好的幽默效果。

李大娘午饭后恰好遇到大刚，大刚常规地寒暄道："大娘，您吃过午饭了吧？"李大娘既然被称为大娘，自然年纪不小了，可是她整天乐呵呵的，好像比大刚还活气，她回答说："嗬，还没吃呢。你中午吃什么好东西，也不请大娘我去吃，瞧，现在还满嘴都是油呢！"

李大娘幽默地夸赞大刚的生活过得好，她对大刚的假责怪显得亲热、愉快，很自然地就拉近了与大刚的关系，也成功塑造了自己平易近人、和蔼可亲的长辈形象。

总之，不要小看寒暄幽默，它能够使你在不知不觉中将欢笑带给别人，拉近自己与他人的心理距离。

幽默让逸乐交谈尽显个人风采

逸乐交谈，是指完全为了消遣、娱乐所进行的交谈。交流双方或多方能在轻松的交谈中密切相互之间的关系，因其谈话氛围比较轻松，谈话过程中最适合也最容易融入幽默成分。逸乐交谈中可以充分利用重复、夸张、错置等各种幽默手段，尽显个人幽默风采。只是在和长辈、异性进行逸乐交谈时，要注意礼节和分寸，不要损及对方的尊严。

科学家、政治领袖等往往会给人一种理性刻板的印象，不过实际上，他们也往往是和蔼可亲的，在他们的言谈中，逸乐交谈的幽默俯拾即是。

著名科学家爱因斯坦风趣幽默。一次，由他证婚的一对年轻夫妇带着小儿子来看他。孩子刚看了爱因斯坦一眼就号啕大哭起来，弄得这对夫妇很尴尬。幽默的爱因斯坦却摸着孩子的头高兴地说："你是第一个肯当面说出你对我的印象的人。"

在晚辈来做客的轻松气氛下，爱因斯坦幽默的言谈并没有损及他自己的面子，反而活跃了气氛，使来看望他的这对夫妇能在一种轻松自然的气氛中和他交流，融洽了主客双方的关系。

一般情况下，两个十分要好的朋友之间的逸乐交谈，运用语言善意地捉弄对方的方式较为司空见惯。比如朋友弄了个不伦不类的发型，你可以说："妙哉，此头誉满全球，对外出口，实行三包，欢迎订购。"下面是一段朋友间的幽默对话。

一个男人对一个刚刚相遇的朋友说:"我结婚了。"

"那我得祝贺你。"朋友说。

"可是又离婚了。"

"那我更要祝贺你了。"

朋友间往往无话不谈,因此能够产生幽默的话题也很多。如朋友普通话不好,把"峨眉山"读作"峨毛山",你就可反复"峨毛山"。夸大朋友的错话也极幽默,朋友错把黄鹤楼说成在湖南,你可说:"不,在越南!"朋友之间的逸乐交谈,有时候会用说大话的方式进行,这种方式也能产生很好的幽默效果。

有两位朋友闲着没事互吹自己的祖先:

一个说:"我的家世可以远溯到英格兰的约翰国王。"

"抱歉,"另一个表示歉意说,"我的家谱在《圣经》记载的大洪水中被冲走了。"

夫妻间的交谈大多数属于逸乐交谈,即使是商讨某些事情,他们的交谈也往往带有逸乐性。此类交谈可以夹杂些幽默以调节气氛。

一位丈夫要到广东出差半年,妻子半开玩笑地对他说:"你到了那个花花世界,说不定会看上别的女人呢!"

丈夫笑了,幽默地说:"你瞧瞧我这副尊容,猪腰子脸、罗圈腿、小眼睛、大鼻子、扇风耳,走到人家面前,怕是人家看都不看一眼呢。"

说得妻子扑哧一笑。

丈夫轻松随意的自嘲，隐含让妻子放心的意思。这比一本正经地发誓，更富有诗意和情趣。

幽默的逸乐交谈，能营造出更加轻松随和的谈话气氛，促进交谈者推心置腹地进行交流。

幽默是构成个人活力的重要部分

一个具有丰富幽默感的人，他的生活是多面性的。他通常好像有用不完的能力，这些能力表现在多方面的兴趣上。

而一个具有较强幽默力量的人，除了多方面的能力外，表现出来的还有充沛的活力和坚韧的意志。美国建立之初，先民们就是依靠幽默的力量来应付并克服荒山野地的恐惧、殖民生涯的艰苦和新大陆的挑战。

美国人不会忘记富兰克林。他那几乎可以称之谓强大的幽默力量，活生生地存留在他的《穷查理年鉴》一书中。他不仅是政治家，还是作家、发明家、军事家、外交家及哲学家。

我们再把美国历史往后推到发明大王爱迪生时代。爱迪生除了是科学家、发明家外，还是个商人。由于他的发明，我们才能有现代的电灯设备、照相机、复印机和电影等等。这些还只是他充沛的活力贡献给人类的一小部分。更耐人寻味的是爱迪生是一个世人皆知的幽默家。他小时候依靠幽默来应付困苦的生活，在火车上兜售糖果、点心和报纸。有一次火车上的管理员不耐烦地扯了他的耳朵，使他的耳朵聋了。但是他后来说："谢谢那位先生，他终于使我清静下来，不必堵着耳朵去搞实验。"他一生中留下了许多不朽的、著名的幽默语言和行为,有的妙语传遍世界各地,令几代人永怀不忘。具有这种幽默感的人,往往具有很大的创造力。

所谓创造力并不是指单纯地创造某件实体或某种规则。比如,只有缺乏把握的人,才会用规划和条例来确定自己的方向,这就把自己当作一块橡皮或一枚回形针,以最有条理的方式存放在办公桌上。而真正的创造力应当属于在对某个问题尚未确立方案或答案之前,那是一个广阔的空间,你可以这样想,也可以那样想。所以它存在于开拓性的思维过程中。

例如,在没有找到最有效的开会方法或处理公文方法之前,我们仅以为开短会和压缩公文是创造性行为,其实不然。事实上我们仍然没有找到一条最好的解决问题的途径。我们制定开短会的规则,提出削减公文的措施,同时我们也丧失了创造更好的规则和措施的机会。

幽默可以使我们不失掉这些机会,至少是不会全部失掉这些机会。

有人要求爱因斯坦解释他的相对论。当时,相对论还鲜为人知,爱因斯坦很为人们的漠视而苦恼。于是他这么回答:

"如果你和漂亮的女孩子在一起坐了一个小时,感觉上好像才过了一分钟;如果你坐在热炉子旁边一分钟,就好像过了一个多小时,那么,这就是相对论!"

没有解释艰深的理论,没有诉说创造过程中的种种困难,但是他以极易流传的话来表达他的伟大发现。这句话本身就创造了一个让人们对相对论产生兴趣的契机。

注意:他创造了一个能引起人们兴趣的契机。

从这个意义上说,幽默是构成人的活力的重要部分,也是产生创造力的源泉之一。

幽默让你"一语惊人"

语言是交流的工具,它能表达人们的思想和情感。同一个意思,长短不同的句子具有不同的表达效果,一般书面语中用长句子的时候较多,因为书面语讲求逻辑严密。但是在日常生活中,为了表达和接收的方便,我们则较多使用短句表达我们的想法。

所以,一般的生活用语大都简短有力。比如在日常交流中,经过很长时间的沉默后,以一两句画龙点睛的话去做总结,就会产生令人难以抗拒的幽默效果。

在一次电视节目中,主持人向一位女作家问了这样一个问题:"一个女人要婚姻持久,你认为什么是最重要的?"

"一个耐久的丈夫。"女作家随口答到。

那位主持人提出的问题不是一两句话就能说清楚的,但女作家又不能不回答,为了避免过多的纠缠,女作家一句"一个耐久的丈夫",既幽默、简洁又发人深思,可谓"一语惊人"。

其实,生活是个很大的舞台,在这个大舞台的很多场景里我们都能看到各种各样的人演出一幕幕"一语惊人"的剧目,女作家可以成为主角,小女孩也可以。

在萧伯纳访问苏联期间。一天早晨,他照例外出散步,一位极可爱的小姑娘迎面而来。萧伯纳叟颜童心,竟同她玩了许久。临别时,他把头一扬,对小姑娘说:"别忘了回去告诉你的妈妈,就说今天同你玩的可是世界上有名的萧伯纳!"萧伯纳暗想:当小姑娘知道自己偶然间竟会遇到一位世界大文豪时,一定会惊喜万分。

"您就是萧伯纳伯伯?"

"怎么,难道我不像吗?"

"可是,您怎么会自己说自己了不起呢?请您回去后也告诉您的妈妈,就说今天同您玩的是一位苏联小姑娘!"

上面故事中,苏联小姑娘不但"一语惊人","惊"的还是一个伟大的人物。她聪明幽默地展示了人人平等、自信等值得赞扬的信念,从而一语惊醒了表现得有些骄傲的萧伯纳。

就像上面故事中的萧伯纳一样,一些做出了伟大成就的人往往有自大的毛病,他们说话、做事也往往以自己为中心,甚至把自己看成别人的骄傲。作为他们身边的人,你有责任委婉地提醒他们不要过于狂妄自大,这不但能够保护自己免受他们的伤害,而且对他们自己也是很有好处的。

有一次,拿破仑对他的秘书说:"布里昂,你也将永垂不朽了。"布里昂迷惑不解,拿破仑提示道:"你不是我的秘书吗?"布里昂明白了他的意思,微微一笑,从容不迫地反问道:"那么请问,亚历山大的秘书是谁?"拿破仑答不上来,便高声喝彩:"问得好!"

上面这个幽默例子,应该属于机辩的类型。机辩在某种程度上讲,有一定反击性。当对方出言不逊足以伤害你的自尊心的时候,及时地、机智幽默地加以反击,也就能一语惊醒他。下面这个故事中病人所用的也是一语惊人式的幽默。

"能告诉我,你为什么要从手术室跑出来吗?"医院负责人问一个万分紧张的病人。

"那位护士说:'勇敢点,阑尾炎手术其实很简单!'"

"难道这句话说得不对吗?她是在安慰你呀。"负责人笑着对病人说。

"啊,不,这句话是对那个准备给我动手术的大夫说的!"

病人幽默地画龙点睛,鲜明地表达出自己对医生手术水平的怀疑。本来一个不容易启口的事情,被他用三言两语幽默含蓄地表达清楚了。

语言不是万能的,不过有时候一句话却能够在适当的场合发挥出千言万语都不能达到的作用,这也就是"以不变应万变"的思想在语言领域里的具体应用。

雅典的首席执政官听说哲学家保塞尼亚斯是一个能言善辩的人。这天,他派人把保塞尼亚斯找到贵族会议上来,对他说:

"贵族会议的成员,每个人都有一个问题要问你,你能不能用一句话来回答他们所有的问题?"

保塞尼亚斯不假思考地说:

"那要看看都是些什么问题了。"

议员接连不断地提出了几十个不同的问题。当问题提完后,保塞尼亚斯还是不假思索地回答:"我全都不知道!"说完,他转身走出了贵族会议大厅。

上面这个幽默是属于善辩一类,善辩所表现出的常常是说话者的聪明智慧,敢于表现自己。保塞尼亚斯就很好地表现出驾驭语言游刃有余、挥洒自如的风度。读过了上面这个故事,相信你一定认识到我们所说的"一语惊人""以不变应万变"决不是痴人说梦。

"一语惊人"的幽默有"秤砣虽小压千斤"的力和"片言明百句,坐役驰万里"的广度。由于"一语惊人"的幽默具有这一特点,我们在交谈中使用这一技巧时,就应该用最简洁明了的语言表达出自己的意思,切忌拖泥带水。

高雅情调的幽默显示良好修养

言语幽默虽包含着引人发笑的成分,但它绝不是油腔滑调的故弄玄虚或矫揉造作的插科打诨。有幽默感的人,大都有较高的文化水平和良好的品德修养,而一个不学无术的人则往往只会说一些浅薄、低级的笑话。

情调高雅的言语幽默总是于诙谐的言语中蕴含着真理,体现着一种真善美的艺术美。因而,言语幽默必须是乐观健康,情调高雅的。

鲁迅是言语幽默的大家,有一次他与兄弟在一起聊天,侄子注意到他们兄弟俩长相的差异,好奇地问道:

"伯伯的鼻子怎么是扁的?"鲁迅不假思索地答道:"是呀,我经常碰壁,时间久了,鼻子碰扁了。"逗得兄弟哈哈大笑,孩子们也跟着笑起来。

幽默在交谈中有重要的意义。真正的言语幽默,必定是以健康高雅的话语、轻松愉快的形式和情绪去揭示深刻、严肃、抽象的道理,使情趣与哲理达到和谐统一。

美国著名小说家马克·吐温也善于使用言语幽默。

有一次他到一个小城市去，临行前别人告诉他，那里的蚊子很厉害。到了那里以后，当他正在旅馆登记房间时，有一只蚊子在他面前来回盘旋，店主正在尴尬之时，马克·吐温却满不在乎地说："你们这里的蚊子比传说的还要聪明，它竟会预先看好我的房间号码，以便夜晚光顾。"大家听了不禁哈哈大笑。于是全体职员出动，想方设法不让这位作家被那预先看房间号码的蚊子叮咬。

言语幽默最能体现受人欢迎的"趣""隐"言谈的风采，它在深层的变化渊源与内核上赋予平常的言谈以力透纸背、意蕴深长的力量，并从色彩和情调上给它以使人着迷的缤纷和欢悦。

言谈明显具有雅俗之别、优劣之分，言谈优雅者也往往是言谈幽默者。谈吐隽永每每使人心中一亮，恍如流星划过暗夜的太空，光华只在瞬间闪耀，美丽却在心中存留。

铁血宰相俾斯麦有一次和一名法官相约去打猎，两人在寻觅动物时，突然从草丛中跑出一只白兔。

"那只白兔已被宣判死刑了。"

法官好像很自信地这么说了以后，便举起猎枪，可是并没有打中，白兔跳着逃走了。看到这种情形的俾斯麦，当即大笑着对法官说：

"它对你的判决好像不太服气，已经跑到最高法院去上诉了。"

办事时如果借助言语幽默，你成功的可能性便大大增加了。幽默能创造友善，避免尖锐对立。俗话说："笑了，事情就好办！"就是这个道理。

老李在餐厅坐了很久，看到别的客人吃得津津有味，只有他仍无侍者来招呼，便起身问老板："对不起，请问——我是不是坐到观众席了？"

老李没有大声地谴责服务员服务不周，反而用幽默的语言提醒对方，表现出良好的个人修养，使一个小小的幽默变得格调高雅，这就是个人品质对言语幽默的提升作用。

言语幽默不光能在交谈中使用，在书信等书面交流用语中使用它更能产生高雅的情调。

据说《大不列颠百科全书》最初几版收纳"爱情"条目，用了五页的篇幅，内容非常具体。但到第十四版之后这一条目却被删掉了，新增的"原子弹"条目占了与之相当的篇幅。有一位读者为此感到愤慨，责备编辑部藐视这种人类最美好的感情，而热衷于杀人的武器。对此，该书的总编辑约斯特非常幽默地给予了回答：对于爱情，读百科全书不如亲身体验；而对于原子弹，亲身尝试不如读这本书好。

这位总编辑幽默的回信中包含了很深的哲理，他将爱情和原子弹进行比较，在答复读者质问的同时又表达了他和读者一样，珍惜人类最美好的感情，不愿原子弹成为"人类之祸"的思想。编辑简单明了又具有穿透力的言语使幽默提升到一个更高的层次，具有了更深、更广的含义。

言语幽默多是三言两语，轻描淡写的。它既不像戏剧那样有激烈的矛盾冲突，又不像小说那样有完整结构的故事情节，但是它的确具有一种特殊的穿透力和一种高雅的情调。

幽默使人更有影响力

俄罗斯有一位著名的丑角演员尼古拉,在一次演出的幕间休息时,一个很傲慢的观众走到他的身边,讥讽地问道:"丑角先生,观众对你非常欢迎吧?"

"还好。"

"要想在马戏班中受到欢迎,丑角是不是就必须具有一张看起来愚蠢而又丑陋的脸蛋呢?"

"确实如此,"尼古拉回答说,"如果我能有一张像先生您那样的脸蛋的话,我准能拿到双倍的薪水。"

傲慢的观众本想借此为难一下尼古拉,却反受到尼古拉巧妙而机智的还击。

人的幽默感是心智成熟、智能发达的标志,是建立在人对生活的公正、透彻的理解之上的。理解生活应当说是高层次的能力,在此基础上,才能形成更好地生活的能力。

通常从某种意义上说,培养自己的幽默感,也就是培养自己的处世、生存和创造的能力。有较强生活能力的人,通常也是一个有影响力和感染力的人。

一个人是否有影响力,在一定程度上取决于他是否具有幽默感,是否掌握了幽默的艺术。

著名诗人惠特曼是一个富于幽默感的人,而且他的幽默常常具有攻击性。也许,正是这种富于攻击性的幽默,更增强了他的影响力。

有一次,惠特曼在一次大会上演讲,他的演讲尖锐、幽默,锋芒毕露,妙趣横生。

忽然有人喊道:"您讲的笑话我不懂!"

"您莫非是长颈鹿!"惠特曼感叹道:"只有长颈鹿才可能星期一浸湿的脚,到星期六才能感觉到!"

"我应当提醒你,惠特曼先生,"一个矮胖子挤到主席台前嚷道,"拿破仑有句名言:'从伟大到可笑,只有一步之差!'"

"不错,从伟大到可笑,只有一步之差。"他边说边用手指着自己和那个人。

幽默,是一门魅力无穷的艺术。幽默用它特有的魅力吸引着无数人,使他们为之倾倒。世界各国的人都以其特有的方式体现着他们的幽默智慧。

幽默者给人们留下好的印象

随着事业或工作上的人际关系日益复杂,迫切需要幽默力量的不断增长,这样你会摆脱许多不必要的麻烦。有的人在工作场合一说话就感到紧张不安,其实这时如果你掌握了幽默的技巧,就可以摆脱不安了。只要有个诙谐的开头,再有个良好的线索,并且使其首尾相接,一气呵成,就没有什么值得紧张不安的了。当然,语言幽默说起来容易,做起来却很难,需要我们好好学习。

例如,有的人讲了一个多小时,大家都没有听懂他到底要说什么。其实,他只需要穿插一两个小小的幽默就可以比他一个小时讲的东西还要丰富。长篇大论并不比短小精悍、言之有物有价值。

说话要深刻有力,就要学会运用诙谐的力量。因为幽默能给人们留下亲切可敬的印象,从而使你的观点为人家所认同。

说话通常的开场白有两种方式，一种是速成式，就是要在开场时立刻抓住听者的注意力；另一种是缓慢式，也就是先让听者了解你要讲些什么，然后再进入正题。无论用哪种方式开始与人交谈，幽默诙谐的开场方式都能帮助你顺利地进入正题，从而在你与听者之间建立起成功的联系纽带，直到你的谈话结束。

其实之所以不断强调幽默在谈话中的重要性，是因为幽默会让听你说话的人喜欢上你。而只要他们喜欢上了你，无论你说什么，他们都会乐意听下去。

在言谈中，一些难以直说的观点往往可以通过开自己玩笑的方式表达出来。比如在谈到时间的重要性时你可以说："记得在刚开始工作的时候，前辈们告诉我专心工作可以让我忘却一切烦恼，但直到最近我才发现这句话果然有效。"

这种把幽默的玩笑口吻用到自己身上，借以表达自己的观点的方式，就能和听者建立亲密的沟通关系。因为人的注意力是相对的、暂时的，因此在吸引对方注意力方面不能指望一劳永逸。一旦你说话变得平淡，听者就会感到乏味，注意力就难免要分散。因此，你在谈话中，要时时注意观察对方的反应，一旦意识到对方的注意力有所分散，就要努力把他拉回来。你可以改变一下话题，或者是换一下说话的方式，用一句俏皮话或一则笑话把对方的注意力再次集中到你的身上。

假如你正在讲有关季节性或周期性的问题，你可以插入一句这样的俏皮话：

"我发现，月亮满月的日子里犯罪率总是很高的。这很好解释，因为小偷和强盗总是在这种时候看得更清楚嘛。"

要知道，幽默的话语必须与你所说的内容相吻合，并使这个幽默成为你所要表达的内容之一。如果你突然所说的幽默故事与你所讲的内容毫无关系，那也只能让别人开心一下，对你所说的话的效果丝毫没有帮助。

幽默给人以从容不迫的气度，更是成熟、机智的象征。你不必为自己的言语贫乏而懊恼，掌握下列幽默方法，你也可以成为幽默专家。

——当你叙述某件趣事的时候，不要急于显示结果，应当沉住气，要以独具特色的语气和带有戏剧性的情节显示幽默的力量，在最关键的一句话说出之前，应当给听众造成一种悬念。假如你迫不及待地把结果讲出来，或是通过表情与动作的变化显示出来，那就像饺子破了一样，幽默便失去效力，只能让人扫兴。

——当你说笑话时，每一次停顿，每一种特殊的语调，每一个相应的表情、手势和身体姿态，都应当有助于幽默力量的发挥，使它们成为幽默的标点。重要的词语应加以强调，利用重音和停顿等以声传意的技巧来促进听众的思考，加深听众的印象。不管你肚子里堆满了多少可乐的笑话和俏皮语言，你都不能为了体现你的幽默之处，而不加选择地一个劲儿地倒出来。语言的幽默风趣，一定要根据具体对象、具体情况和具体语境来加以运用，而不能使说出的话不合时宜。否则，不但收不到谈话所应有的效果，反而会招来麻烦，甚至伤害对方的感情，引起事端。因此，如果你现在有一个笑语，不管它有多么风趣，但是，如果它有可能会触及对方的某些隐痛或缺陷，那么，你还是做一下努力，把它咽到肚子里去，不说出为好。

第6章
幽默让个人生活充满阳光

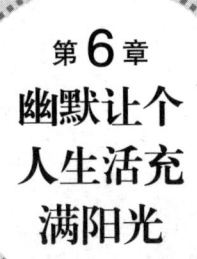

幽默是悲观、烦恼、失意、忧愁的克星。幽默可以改变我们灰暗、消沉的心境,帮助我们找回自信、激情和兴致,使我们精神爽朗、心情舒畅,使我们的个人生活充满温暖的阳光。幽默的力量在于调节,它能在领悟全部人生内涵之后,创造新的气氛,以带来可贵的心理平衡,让人敞开心胸,尽情欢笑,享受美好的新生活。

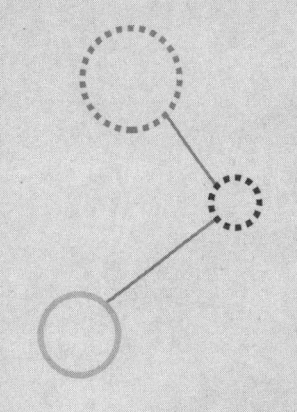

幽默造就乐观的心态

幽默能让世人笑口常开,从而能从一种乐观向上的生活态度中获得幸福的感觉。

有这样一则故事:

在一个小山村里,有一对残疾夫妇,女人双腿瘫痪,男人双目失明。春夏秋冬:播种、管理、收获……一年四季,女人用眼睛观察世界,男人用双腿丈量生活。时光如水,却始终没有冲刷掉洋溢在他们脸上的幸福。

有人问他们为什么如此幸福时,他们异口同声地反问:"我们为什么不幸福呢?"男人笑着说:"我双目失明,才能完全拥有我妻子的眼睛!"女人也微笑着说:"我双腿瘫痪,我才完全拥有他的双腿啊!"

这就是幸福,一种乐观豁达的胸怀,一种左右逢源的幽默人生佳境!

拥有了这种胸怀和这种境界,心灵就犹如有了源头的活水,我们就能用心灵的眼睛去发现幸福,发现美。在我们眼中,姹紫嫣红、草长莺飞是美的;大漠孤烟、长河落日也是美的;我们甚至可以用心领会到"留得残荷听雨声""菊残犹有傲霜枝"的优美意境。

这就是乐观,这就是幸福……

如果我们像那对夫妇一样,抱着这种乐观的生活态度,去发现幽默,发现幸福,我们必然能生活在欢声笑语中。下面是一个相关的名人幽默故事:

美国第 26 位总统西奥多·罗斯福 (1858—1919) 有一次许多东西被偷了。他的朋友写信安慰他，他在给朋友回信中说："谢谢你来信安慰我，我现在很平静。这要感谢上帝，因为：第一，贼偷去的是我的东西，而没有偷去我的生命。第二，贼只是偷去了我一部分东西，而不是全部。第三，最值得庆幸的是：做贼的是他，而不是我。"

欢乐和笑声是人们生活中必备的良药，它使人们总能保持一种乐观的生活态度。只要幽默存在，就能使人放松心情，而唯有贤者才能在任何情况下都保持宽松的心境。

拥有乐观的人生态度是幸福的支柱。而幸福是乐观要抵达的目的地，要想使自己幸福，就要首先具备乐观的精神，幽默的心态。

生活是多姿多彩的，关键是你用什么样的眼光来看待它。拥有一个正确的视角，你会发现生活原来如此美好。

幽默可驱散莫名的愁云

当我们把幽默变成力量应用在包围着我们生活四周的紧张、困扰和焦虑时，我们能帮助自己，也能帮助别人。社会上的一些严重的问题，如通货膨胀、物价上涨、能源危机等，似乎都在扩大我们的小问题。我们也许感受到经济上的压力，或者感到前途莫测，抑或为自己的外表和年龄担忧。青春不再使人忧心忡忡，更多的也许是我们感到这世界太重视金钱而漠视了人本身。当我们在日常生活中与这一切周旋时，不妨让幽默来替我们承担负荷，因为对有些问题我们可以加以改善，有些却只能接受。无论是改善还是接受，首先要解决的是我们的情绪问题。

美国凤凰城著名演说家罗伯特说:"我发现幽默具有一种把年龄变为心理状态的力量,而不是生理状态的。"他有一句著名的妙语是:"青春永驻的秘诀是谎报年龄"。他70岁生日时,有很多朋友来看望他,其中有人劝他戴上帽子,因为他头顶秃了。罗伯特回答说:"你不知道光着秃头有多好,我是第一个知道下雨的人!"

幽默的人相信失败是成功之母

在漫长的人生道路上,每个人都难免会与逆境狭路相逢。很多人畏惧逆境带来的动荡和痛苦,但从长远看,时常有些小挫折,倒是更能使人保持头脑清醒,经受得住考验,也更能磨砺人的意志。

幽默的人相信失败是成功之母。失败和成功在一定条件下是可以相互转化的,正因为曾经有失败,所以才能在不断的总结失败的教训后获得成功。如果一个人一直都被成功包围,那么,偶尔一次小小的失败对他来说可能就是一次相当残酷的考验,失败可能就会如影随形。

幽默中渗透着一种坚强的意志。有幽默感的人往往是一个奋力进取的弄潮儿。他们面对失败的打击,恶劣的环境,能够以幽默的态度自强不息。发明家爱迪生就是一个善于以幽默的态度对待失败而又不断进取的人.

爱迪生在发明电灯的过程中,试验灯丝的材料失败了1200次,总是找不到一种能耐高温又经久耐用的好金属。这时有人对他说:"你已经失败1200次了,还要试下去吗?"

"不。我并没有失败。我已经发现1200种材料不适合做灯丝。"爱迪生幽默地说。

爱迪生就是以这种惊人的幽默力量,从失败中看到希望,在挫折中找到鼓舞。这就是这个伟大的发明家百折不挠、硕果累累的诀窍。有时候,面对失败,我们的意志和信心可能会滑坡,而适时的幽默可以帮助我们避免这一点。

有人打网球打不过他的朋友,他就可以幽默地对他的朋友说:"我已经找出毛病在哪里了,我的嗜好是网球,可我却到乒乓球俱乐部里去学习。"

他也可以说:"咱们打个平局,怎么样?我不想处处赶上你,你也别超过我。"

这种幽默不是自欺欺人,也不是要我们和鸵鸟一样在看到危险的时候把头埋进沙子里,这种幽默可以有效地防止我们的意志滑坡,还能在会心一笑中拉近我们同他人的心理距离。

幽默帮你学会苦中作乐

在不尽如人意的生活中,幽默能帮助你排解愁苦,减轻生活的重负。用幽默的态度对待生活,你就不会总是愤世嫉俗,牢骚满腹,你也能通过这种幽默的方式学会苦中作乐。

从困境中寻找快乐是一种愿望,但这个愿望的实现需要借助于相当勇敢的、超乎常人的丰富的想象。但是,有了这样的想象而不善于在想象中借助偶然的因素来构成某种荒谬的推理,也就很难成功地运用幽默的艺术。

而荒谬之妙，就在于荒诞的逻辑性。荒谬性的逻辑可以归结为一句话，即"无理而妙"，越是幽默，道理也就越是讲不通。

美国成功的剧作家考夫曼，二十多岁的时候就挣到了一万多美元，这在当时对他来说是一笔巨款。为了让这一万美元产生效益，他接受了自己的朋友、悲剧演员马克兄弟的建议，把一万美元全部投资在股票上，而这些股票在1929年的经济大萧条中全部变成了废纸。但是，考夫曼却看得很开，他开玩笑似地说："马克兄弟专演悲剧，任何人听他的话把钱拿去投资，都活该泡汤！"

考夫曼股票投资的失败是美国经济危机造成的，而他却充分发挥了他剧作家的想象力，把原因归结到他股票投资的建议者马克兄弟身上，荒谬地说是因为马克兄弟专演悲剧才造成了他投资失败的悲剧。面对那么一大笔损失，考夫曼没有怨天尤人，而是运用了假托埋怨、苦中作乐的方法面对这种财产损失的痛苦和困境。

你有没有因为自己的年华逝去而惆怅不已？当自己越来越老的时候，幽默的人会说："我并不老，才到人生盛年而已。只是我花了比别人更多的时间才到盛年。"

你有没有曾经因为自己不能拥有令自己满意的容貌、身高而苦恼不堪？

美国第16任总统林肯貌不惊人，他常通过拿自己的容貌开玩笑的方式来与周围的人沟通。有一次，他讲了这样一则故事："有时候我觉得自己好像一个丑陋的人，我在森林里漫步时遇见一个老妇人。老妇人说：'你是我所见过的最丑的一个人。''我是身不由己。'我回答道。'不，我不以为然！'老妇人说，'长得丑不是你的错，可是你从家里跑出来吓人就是你的不对了！'"

没有人会因为自己容貌丑陋而骄傲，也不会有人喜欢自己越来越老。可是面对我们不能改变的与生俱来的东西我们可以换一种心态来对待，我们要学会苦中作乐。上面这些痛苦都是可以预料到的，是渐渐产生的，而有时候，危险会从天而降，痛苦会突如其来，那时候你是否还有苦中作乐的从容心态呢？

有一位销售员，他攒钱攒了好几年，好不容易买了一辆新汽车。有一次，他教太太开车，车下坡时，煞车突然失灵了。

"我停不下来！"他太太大叫，"我该怎么办？"

"祷告吧！亲爱的。"销售员也大叫，"性命要紧，不过你最好找便宜的东西去撞！"

车撞在路旁的一个铸铁垃圾箱上，车头撞坏了。然而他们爬出车子时，并没有为损失了一大笔财产而沮丧，反而为刚才的一段对话大笑起来。目睹的行人以为他们疯了，要么就是百万富翁在以离奇的方式寻找刺激。有人走过来问："你们想把车子撞坏吗？"销售员说："我太太看见了一只老鼠，她想把它压死。"

笑是一种简单而又愉快的运动，幽默产生的时刻，也正是人的情绪处于坦然开放的时刻。所罗门王的许多名言都告诉我们，幽默和健康是分不开的。例如"心中常有喜乐，身体常保健康"。古罗马人相信笑应该是属于餐桌上的，因为笑能促进消化。

学会了苦中作乐，你就窥见了通向身心健康的门径。

幽默是一种自然流露的情趣

幽默是一种心理体验,通过言行外化而引人发笑。我们不妨先看下面这个例子:

家里什么也没有,夫妻俩已三天没吃东西了。两人商量,决定把家里一只养了一年多的叫"比利"的狗杀掉充饥。

当夫妻两人坐在桌旁吃完了比利的肉,收拾桌子时,丈夫对妻子说:

"如果把这些骨头给比利的话,它会多高兴呀。"

这个幽默对丈夫和妻子都是一种心理体验。丈夫的表达反映了其自嘲自慰、盎然生趣的开脱精神,妻子听了以后心里当然是苦涩的。但他们都不因为生活的艰难而沮丧不已,而是会心一笑,以微笑来体现自己品味生活艰难的韧性和乐观。

幽默的心理体验是通过言行公之于众的,因此表达幽默有有声语言、书面语言、体态语言等手段。幽默的表达贵在自然,某些有做作痕迹的幽默虽然也能激起人们的兴趣,但给人留下的感觉并不怎么好:人们会认为这些装模作样的幽默不过是在哗众取宠。

因此,富有幽默感,秉持着幽默禀性对于每个人是多么重要。没有这种素质的人一旦意识到幽默的重要性,必然会铤而走险,强行施展生疏的幽默技法,结果当然很差,给人们的感觉简直与拿腔拿调、忸怩作态的小丑无异。

幽默的自然性是和动作、姿态、表情的自然性融为一体的。

在一次激烈的战斗中,拿破仑领导的法军打退了敌人最后一次疯狂进攻。通讯兵前来报告:"敌人正在撤退!"

拿破仑马上不假思索地纠正道:"不,敌人正在逃跑!"

从拿破仑那威严的表情和斩钉截铁的口吻中可以知道,他没有也无心幽默,但这两句话关键词语的置换却表达出了丰富的幽默内涵。

保持冷静的头脑,临场应变从容镇定,不慌不忙,如此才能妙语惊人,产生具有生命力的幽默。

事事都求"自然成文"为好,幽默也是如此。有准备的幽默当然能应付一些场合,但难免有人工斧凿之嫌;临场发挥的幽默才更显技巧,更见风致。

俄国学者罗蒙诺索夫生活简朴,不大讲究穿着。有一次,有位衣冠楚楚但又不学无术的德国人,看到罗蒙诺索夫衣袖肘部有一个破洞,便指着那里挖苦说:"在这衣服的破洞里,我看到了你的博学。"

罗蒙诺索夫毫不客气地回敬:"先生,从这里我却看到了另一个人的愚蠢。"

德国人借衣服的破洞小题大做,贬损别人,反映了他的无耻和恶劣的品质。罗蒙诺索夫抓住这点,机敏地选择了与博学相对的词语"愚蠢",准确地回敬了对方,使对方自食其果。

临场发挥是一种技巧,更是一种心智,它需要我们有冷静的头脑,保持从容镇定,不慌不忙。在各种晚会、文艺演出中,许多主持人、演员能够临场应变,妙语惊人,给晚会欢乐气氛推波助澜,也赢得了观众的掌声和喜爱。

美国著名的主持人穆哈米曾主持了一场晚会,这场晚会并没有其他节目,只是穆哈米和协助他主持晚会的几个文艺界著名人士在台上进行幽默机智的问答,而台下的观众始终兴致盎然,笑声、喝彩声不断,气氛十分热烈。下面我们看看穆哈米与明星雷利的一段对答。

鬓发斑白的艺坛老将雷利拄着拐杖,步履蹒跚地走上台来,很艰难地在台上就座。看到这样一个老人,让人很自然地为他的身体担心。所以穆哈米开口问道:

"你还经常去看医生?"

"是的,常去看。"

"为什么?"

"因为病人必须常去看医生,这样医生才能活下去。"

此时台下爆发出热烈的掌声,人们为老人的乐观精神和机智语言喝彩。

穆哈米接着问:"你常去医药店买药吗?"

"是的,常去。这是因为药店老板也得活下去。"

台下又一阵掌声。

"你常吃药吗?"

"不。我常把药扔掉,因为我也要活下去。"

穆哈米转而问另一个问题:"嫂子最近好吗?"

"啊,还是那一个,没换。"

台下大笑。

幽默让生活充满温馨的阳光

有幽默品质的人善于拨动笑的神经,在满足中获得前进的动力,绝不在抱怨中消弭自己的进取心。幽默是一种修养、一种文化、一种艺术、一种润滑剂、一种兴奋剂，日常生活需要幽默。

在现实生活中，很多人习惯于让一些微不足道的小事造成不愉快的心境，心绪烦躁，往往又不自觉地去反思，去自责，于是心理失去平衡，或闷闷不乐，或郁郁寡欢，或牢骚满腹，或大发雷霆。以这种焦躁情绪待人处世，生活氛围将被弄得更糟，从而产生一种恶性的情绪循环。

其实，只要拥有幽默品质，就不会这样，生活将充满温馨的阳光。面对喝下的半瓶酒，悲观者会说："半瓶完了。"而乐观者则会说："还有半瓶。"幽默的人在满足中获得前进的动力，绝不在抱怨中消弭自己的进取心。

德国著名将领乌戴特将军患有谢顶之疾。在一次宴会上，一位年轻的士兵不慎将酒泼到了将军头上，全场顿时鸦雀无声，士兵也悚然而立，不知所措。倒是这位将军打破了僵局，他拍着士兵的肩膀说："兄弟，你以为这种治疗会有作用吗？"

全场顿时爆发出了笑声。人们紧绷的心弦松弛下来了，将军也因他的大度和幽默而显得更加可亲可敬。

幽默的形式主要在于我们的情绪，而不在于理智。幽默总是给生活注入润滑剂。

交响乐团在排练斯特拉文斯基的《春天的典礼》的最后一章，指挥向大家讲述他对音乐各部分的理解，他这样说：

"柔和优美的圆号象征着奔逃的农家少女，而响亮的长号和小号则代表着追逐的野人。"

当他举起指挥棒让音乐继续时，从圆号区飞过来一句，"大师，您不介意我们把某一部分演奏得快一点吧"

一句轻松的调侃消除了排练的紧张与辛苦，令彼此之间洋溢着笑声，从而其乐无穷！

幽默是烦恼的克星

烦恼对寻求幸福快乐的人类来说，是很危险的情绪，它有魔鬼一样的力量，稍不留意我们就可能被它拖向精神崩溃的地狱。因此，聪明的人不能不思考解脱之道。

幽默是烦恼的克星。幽默改变我们灰暗、消沉的心境，帮助我们找回自信、激情和兴致，使我们精神爽朗、心情舒畅。幽默的力量在于调节，它能在领悟全部人生内涵之后，创造新的气氛，以带来可贵的心理平衡。

一个韩国旅游团在我国南方某省旅游，时值梅雨季节，外宾感到很扫兴，然而他们幸运的是遇到了一个善解人意，风趣幽默的导游。导游在车上用韩语说："你们把雨从韩国带到中国来了，可雨在车外；你们把首尔的太阳也带来了，它就在车厢里。"妙语既出，一片掌声。其中有位老太太游武夷山时，由于裙子被蒺藜划破，泄气地坐在了地上。"老太太，您别生气，"导游和颜悦色地说，"这是武夷有情，它请您不要匆忙地离去，叫您多看几眼呢！"这话疾风般吹散了老太太脸上的"愁云"，使她重新恢复了游兴。

幽默还能将我们从烦恼中解脱出来。一般人生病住院或遭受意外伤害的机会并不多，而高龄、肥胖以及囊中羞涩等等却常附加给我们很多困扰，将我们的好心情消磨得干干净净。面对上述这些情形，在没有力量改变现状的情况下，最好的办法莫过于一笑置之，作洒脱状。

我们都熟悉那个永远是乐呵呵的大肚子弥勒佛，他的哲言是：大肚能容，容天下难容之事；笑口常开，笑世上可笑之人。我们应该学学这位乐观的智者，在我们遇到令自己烦恼的事或人时，不妨笑一笑，或来点幽默，不要把它看得太严重，总之，不要自我折磨，自寻烦恼。

死亡、离婚、疾病……这些都是令人烦恼的事，但心胸开朗的人却能以微笑对之。俄国作家契诃夫说："愉快的笑声，是精神健康的可靠标志。"让我们记住古人的话："应世法，微微一笑。"用微笑和幽默来面对人生和生活中的各种烦恼。

唐僧师徒去西天取经，终于到了雷音寺，见到了如来佛祖。如来佛祖吩咐弟子迦叶长者给唐僧取经书。谁知迦叶长者向唐僧他们苦苦索要钱物，唐僧无奈，只得将唐朝天子赐的紫金钵盂给了他。猪八戒好生愤怒，向如来佛祖告状说："迦叶长者索要钱物，拿了我们一个紫金钵盂。"

如来佛祖说："佛家弟子也要穿衣吃饭。以前，舍卫国赵长者请众多弟子下山，将此经诵了一遍，讨得了三斗三升黄金麦粒回来；你们那钵盂才值多少金子？"猪八戒一听，气坏了，他气呼呼地走出来，说道："成天说要见佛祖，这不，见到了佛祖，佛祖原来也是爱钱的。"唐僧说："八戒，你莫烦恼。你不想想，我们回去以后，还不是得替人家诵经。"

幽默的人在满足中获得前进的动力，绝不在烦恼和抱怨中消弭自己的进取心。有幽默品质的人善于拨动笑的神经，笑天下可笑之人，容世间难容之事。

美国有一位传奇式的篮球教练，他叫佩迈尔。他带领的篮球队曾获得39次国内比赛冠军。那一年他的球队在蝉联29次冠军后，遭到空前的惨败。比赛一结束，记者们蜂拥而至，把他围个水泄不通，问他这位败军之将有何感想。他微笑着，幽默地说："好极了，现在我们可以轻装上阵，全力以赴地争夺冠军，背上再也没有冠军的包袱了。"

佩迈尔面对失败的烦恼，没有放弃，反而将烦恼化为力量，这是多么令人钦佩的人生境界！幽默的形式主要在于改变我们的情绪，而不在于改变我们的理智，幽默总是给生活注入潇洒的活性剂。

一位女郎踩了一位先生的脚，立即表示歉意，男士为了缓解她的不安，连忙说："没关系，谢谢你提醒我该擦皮鞋了。"

面对令人气愤、烦恼的事情，这位先生用了一句曲折、幽默的话化解，既指出了这位小姐粗心大意的事实，同时也解除了两人的尴尬，潇洒摆脱了不愉快的事情给自己带来的烦恼。

笑口常开让身心更健康

"笑"是幽默的产品，而关于"笑"的功能，外国人说，"快乐的微笑是保持生命健康的唯一药方，它的价值是千百万，但却不要一分钱"。中国人说，"笑一笑，十年少""笑口常开，百病不来"。有这样一个故事：

传说我国清朝有位八府巡按，长期患一种精神忧郁症，看了许多医生，都未见效。一天他因公坐船经过山东台儿庄，忽然犯了病，地方官员即推荐一名当地有名的老医生为他治病，医生诊脉后说："你患了月经不调症。"巡按一听，顿时大笑，认为他是老糊涂了。以后他每想起此事，就要大笑一阵，天长日久，他的病竟自己好了。过了几年，巡按又经过台儿庄，想起那次有病之事，特意来找老医生，想取笑一番，老医生说："你患的是精神忧郁症，无什么良药可治，只有心情愉快，才能恢复健康，我是故意说你患了'月经不调症'，让你常发笑。"

最新的医学研究也发现，笑口常开可以防治传染病、头痛、高血压及过度的压力，因为幽默的笑声，可以增加血中的氧分，并刺激体内的内分泌，对降低病菌的侵袭大有帮助。而不笑的人，患病几率较高，且一旦生病之后，也常是重病。

美国作家诺曼·卡森斯曾担任《星期六评论》杂志的编辑。他长期日夜操劳，患了一种严重的病——关节性脊椎炎，身体虚弱，行动不便，痛苦万状。虽多方求医，但收效甚微，不少名医诊断为不治之症。

后来，卡森斯听从了一位朋友的劝告，在除了必要的药物治疗外，决定采用一种奇特的幽默疗法。他搬离了医院，住进一家充满欢乐气氛的旅馆，常常看一些幽默风趣的喜剧片，和朋友们进行幽默的交谈，听人讲一些幽默故事，使自己整天处于一种轻松欢快、无忧无虑的状态，每天都出声笑上好一阵子。卡森斯发现，一部10分钟的喜剧片可以带给他两小时无痛苦的睡眠，他还惊喜地发现，笑可以减轻发炎，而且这种"疗效"可持续很久。与此同时，他还辅以适当的营养疗法。几个月后，奇迹出现了，卡森斯居然恢复了健康。

卡森斯总结自己战胜病魔的经验，开出一张"幽默处方"，并风趣地取名"卡

森斯处方"。其中有这样一些内容:

"请认清每个人都有内在的康复功能。充实内在的康复能力。利用笑制造一种气氛,激发自己和周围其他人的积极情绪。发展感受爱、希望和信仰的信心,并培养强烈的生存意志。"

这一处方的核心是以笑来激发生活的力量、生存的意志、康复的能力,进而增强精力,战胜疾病。

莫蒂医生也在他写的《笑:幽默的治疗能力》一书中指出:临床实践表明,笑具有治疗的能力。医生将笑传给病人,就增加了病人的康复能力。

有些科学家的研究还表明,欢乐和笑能刺激脑部产生一种使人兴奋的荷尔蒙。它一方面能促使身体增加抵御疾病的能力,另一方面还能刺激人体分泌一种名叫"因多芬"的物质,这是人体自然的镇静剂。这样,关节炎、某些创伤所引起的痛苦,都会因此而有所减轻。

不过,幽默能减轻人的痛苦,这不是今人的新发现。清代的《祛病歌》就是中国古代已经产生了"快乐祛病法"的有效证明。

生活经验和科学研究都证明,身体健康的重要保证是"心乐"。有健康的心理,才会有健康的身体。幽默常在,精神开朗,身体就容易康复;反之,如果忧愁悲伤,萎靡不振,疾病就会乘虚而入。

幽默属于生活的强者

幽默永远属于热心肠,属于生活的强者。

幽默感不是天生的,它是随着人们阅历和知识的不断丰富以及对生活的不断认识而形成的。幽默作为一种能力，它像其他技巧一样，可通过后天的努力而获得。

拥有幽默力量并能加以利用的人，他的生活将会是多面性的。他好像有用不完的能力，表现在多方面的兴趣上。

富兰克林的幽默力量活生生地存留在《穷查理年鉴》一书中，书中收集了许多简短的格言。

富兰克林在日常生活上给人提出过许多忠告，诸如早睡早起。省吃俭用等等，但是也有如现代妙语一般的精简句子：

鱼和客人在三天之后其味不散。

上帝治好病人，收钱的却是医生。

无所盼望的人有福了，因为他们必不失望。

富兰克林以无穷的活力发挥着幽默力量的作用。他成功了，成了作家、印刷业者、出版家、编辑、科学家、发明家、政治家、外交家及哲学家。

有了幽默力量的人，很快就会发现他可以做得更多，而且更有效果。

朱利安·柯立芝是哈佛大学资深的数学教授。他上课时，有摆弄怀表的习惯。

有一次，他在为学生讲解一道习题的同时，又习惯性地摆弄起他的怀表来。可这次情况很糟，那表链不知何故竟一下子断了，怀表"叮当"一声落到地上。

柯立芝先是一愣，但很快又恢复了常态。他用浓重的波士顿口音对全体学生说道：

"请各位注意，这是重物直线坠落的一个实例。"

以微笑面对人生的困难

在这个世界上,我们都走着不同的人生道路,挑着不同的人生重担。同时,我们的人生观,指引我们以不同的方式看人生,看我们身上的重担,看我们所认识、遭遇的每一个人和每一件事,并看我们自己是什么样的人,在生活中扮演什么样的角色。如果要从中寻找出一个正确的、固定的模式,那么,大概是以微笑面对困难重重的人生,超然于一切观念之上。

我们遇到的困难很多。我们常常在窘境中挣扎。我们为频繁的失意蹉跎。有时我们因突然的打击而垮掉。从本体来说,没有任何方法能够挽救我们自己,只有我们的勇气、信心和智慧,才是可靠的根本性力量。

人们不会忘记波奇是怎样对待失败的。波奇是钢琴家兼幽默家。有一次,他在美国密歇根州的福林特城演奏时,发现全场有一半座位空着。他当然很失望,甚至影响了继续演奏的情绪。但是他最终还是大步走向舞台的脚灯,向听众表示谢意,并对听众说:"朋友们,我发现福林特这个城市的人们都很有钱,我看到你们每个人都买了二三个座位的票。"于是,这半屋子听众全都发出了笑声。他们放声大笑,使劲鼓掌。他们不仅被他的幽默所感染,而且由此还产生了对他的失败所寄予的同情和尊重。波奇在顷刻之间反败为胜,赢得了听众的友爱和信任,此后人们再也不能把他忘掉。

同样,亚柏在当选美国钢铁工会主席时,也遇到了类似的困难。有不少人对他表示冷漠,其中有人公开历数他的缺点。亚柏在宾州的强斯敦镇演说时,听众哗然,要他下台。这时亚柏微笑着说:"谢谢各位。我等一会儿就下台,因为我刚刚上台呀。"那些反对他的听众出乎意料地笑了。

亚柏式的幽默以间接的方式认可了反对者的不满,同时也表达出自己对自己也是不甚满意。于是，他和他的反对者达成了一种默契，即互相谅解，以发展的、宽容的眼光对待眼前的现实。倘若他在这关键时刻张惶失措，或者溜之乎也，那么他永远也不会当上钢铁工会主席。倘若他缺乏幽默，以激烈的言词回敬反对者，那他就把反对者推到了敌人的位置上，自己则变成受难的圣塞巴斯蒂安，钉在讲台上接受乱箭穿身。

亚柏和波奇一样，都深深懂得以什么来面对人生中突然出现的风暴。他们以极其诚恳的方式表现出来的幽默，拉近了人我之间的距离，填平了人我之间的鸿沟。

在日常生活中，我们每个人对政府的措施多少会有些不满。许多人对之采取的方式是发牢骚、抱怨、挖苦。但是有一部分人，他们采用的是另一种方式，让幽默成为怨气的出气孔。

比如在美国，人们通常为所得税和通货膨胀而苦恼。有人在报上刊登了一则对话，说：

"请问，什么是美国一般公民？"

"一般公民就是坚持价格要便宜、社会福利多、各种杂税少的人。"

有人在指责美国的失业现象时说："美国真伟大，每个人都可以有第二个家、第二部汽车，第二台电视机。只要你能找到第二个工作、第二个抵押和第二个运气厂。"

还有人在对政府官员的无能表示不满时说："我们真不知道怎样给自己的孩子灌输金钱观念，因为我们连国会议员都教不会。"

我们仔细分析，就会发现这些幽默语言都是经过修饰的观点。这里没有强烈的对抗，也没有悲观失望的情绪。但是它的鞭打和促进作用要远远胜于消极对抗。

因此，无论你是艺术家、政府官员、平民百姓还是别的什么人，只要你能以微笑面对生活中的困难，那你就已经在运用幽默的力量了。

假设在一家餐厅里，一位顾客点了一杯啤酒，却赫然发现啤酒里有一只苍蝇。

如果他是英国人，他会以绅士的态度吩咐侍者："请换一杯啤酒来！"

如果他是法国人，则会将杯中啤酒倾倒一空。

如果他是西班牙人，他就不去喝它，留下钞票，不声不响地离开餐厅。

如果换作日本人，他会令侍者去叫餐厅经理来训斥一番："你们就是这样做生意的吗？"

如果他是美国人，则会向侍者说："以后请将啤酒和苍蝇分别放置，由喜欢苍蝇的客人自选将苍蝇放进啤酒里，你觉得怎么样？"

美国人的这种表达不满的方式就是一种幽默的艺术。

幽默是一门艺术，懂得了如何收集、开发、运用幽默的资源，就知道了如何面对纷繁复杂的人生。

有生活经验的人都会认识到以幽默面对人生困难的重要性。幽默几近于一种缓冲机制，它显然与对抗、失望和悲观无缘。幽默也近乎一种默契形式，它使人以友善、宽容、谅解、发展的眼光来看问题。它会使人以愉悦的方式表达真诚、大方和善良。它像一座桥梁拉近人与人之间的距离，填补人与人之间的鸿沟，是奋发向上者和希望与他人建立良好关系者不可缺少的东西，也是每一个希望减轻自己人生重负的人所必须依靠的支柱，我们来看下面这个有趣的例子。

一天，林肯总统身体不适，不想接见前来白宫唠唠叨叨谋求一官半职的人。

但一个令人讨厌的家伙赖在林肯身旁,准备坐下长谈。林肯非常厌烦,只是出于礼貌不想直接把他赶走。

这时,正好总统的医生走进房间。林肯急忙向他伸出双手,问道:"医生,我手上的斑点到底是些什么东西?"

"那是假天花,就是轻度的天花。"医生说。

"我全身都有,"林肯说,"我看它是会传染的,对吗?"

那位来客听了这番话,忙站起来说道:"好吧,我现在不便多留了,总统先生。我没有什么事,只是来探望您的。"

"呀,不必这么急急忙忙嘛!"林肯轻快地说。

"谢谢您,总统先生,我下次再来看您。"说罢,那个家伙朝门外头也不回地走了。

林肯借助医生进来的机会,巧妙地"吓"走了"客人"。

一般具有这种幽默感的人,都有一种出类拔萃的人格,能自在地感受到自己的力量,独自应付任何困苦的窘境。我们或许不能像林肯那样能言善辩,但我们确实也可以时时去使用幽默的技巧。

对生活形态进行改造

对于工厂工人来说,上班、进车间、下班、回家——周而复始,除非他坐进办公室或换一个工种,才会发生变化。但变化之后,随之而来的又是不变。这就是现代人普遍认为生活沉闷的外在原因。在这种总的生活形态背景下,人们不得不寻求变化,以摆脱沉闷感,如满足食欲、情感需要,进行社交,寻求娱乐等。

除此之外，对生活形态进行改造的另一个好方法便是培养和运用幽默的艺术。

在一次酒会上，马克·吐温说："美国国会中的有些议员是狗娘子养的。"

记者把马克·吐温的话公之于众，国会议员们大为愤怒，纷纷要求马克·吐温澄清或道歉，否则将诉诸法律。几天后，马克·吐温向联邦国会议员道歉的启事在《纽约时报》上登载了，文中说：

"日前本人在酒会上说有些国会议员是'狗娘子养的'是不妥当，故特登报声明，把我的话修改如下：美国国会中的有些议员不是狗娘子养的。"

表面上马克·吐温是在向那些国会议员们道歉，但是"有些国会议员是'狗娘子养的'"与"有些国会议员'不是狗娘子养的'"意义上并没有多大区别。

幽默的艺术主要在于它能制造不变中的变，使人把枯燥的工作看得有趣、轻松起来，从而不再感到沉闷。可以想见，充满欢笑的劳作不是折磨，而是一种愉快的运动。让我们来看狄更斯的幽默。

有一次，英国作家狄更斯正在钓鱼，一个陌生人走到他跟前问："怎么啦，你在钓鱼？"

"是啊，"狄更斯毫不迟疑地回答，"今天，钓了半天，没见一条鱼；可是在昨天，也是在这个地方，却钓到了15条鱼！"

"是吗？"陌生人问，"那你知道我是谁吗？我是专门检查钓鱼的，这段江上是严禁钓鱼的！"

说着，那陌生人从口袋里掏出一本罚单，要记下名字罚款。见此情景，狄更斯连忙反问：

"那么，你知道我是谁吗？"

当陌生人惊讶之际，狄更斯直言不讳地说：

"我是作家狄更斯。你不能罚我的款，因为虚构故事是我的职业。"

狄更斯在这里用变而又变的手法，表现出了非凡的灵敏和机智。

工作中也不妨幽默一下

不同的职业有不同的幽默。不同的职业接触不同的职业对象，教师的职业对象是学生，医生的职业对象是病人，汽车售票员的职业对象是乘客，售货员、浴室服务员、小摊主的职业对象是不同的顾客……职业的性质和对象，决定了幽默的特色和分量。

教师与学生之间的幽默，比较随便。一个教师在给学生发补助的那天（20号）向学生们神秘地说："告诉大家个特大喜讯——今天发补助。"其实大家都知道20号发补助，但这"特大喜讯"颇吸引人。

上面这位教师的幽默带有明显的职业色彩，他使用了语言上大词小用的夸张法。

医生也可来些幽默，特别是对那些很麻烦的病人。

一天半夜三点钟，有人打电话给他的医生，他说："我实在不愿打扰您，但是我患了严重的失眠症。"

"你想怎么样?"医生问,"要传染给别人吗?"

上面这位医生的幽默也带有明显的职业色彩,他使用了"传染"这个医学专门用语。

公共汽车售票员每天都会遇到各种各样的人和难题,他们的应对温和而周到。

雨天,一位妇女牵着一条腿上沾满污泥的狗上公共汽车,坐下后对售票员说:"喂,如果我给这条狗买一张票的话,它是否也能和其他乘客一样,有个座位?"售票员打量了一下那只狗说:"当然行,太太。不过它也必须和其他乘客一样,不要把脚放在椅子上。"

售票员幽默委婉地拒绝了乘客的无理要求。

对于一个商场售货员来说,细腻地运用幽默力量来处理微妙的事情,能够销售出更多的东西。

有一位很活泼的售货员在介绍电动剃须刀时说:"三月内马达不动了来找我——没电池可不行。"他又夸这电动剃须刀是"男女老少必备用品——不,女同志及婴儿暂时不用。"他要教人使用时说:"胡子少的人每天一次,每次一片;胡子多的人每天两次,每次两片,白开水送服。"

售货员一会说起马达,一会又教人吃药片,他使用的是在销售中培养起来的有意错置的荒唐法。

下面这个澡堂服务员为了将棘手的工作和问题适当表达出来，就运用了幽默力量。

济南一家澡堂有位服务员很幽默，每逢周末人多，他就大喊："星期礼拜，团结友爱，互相照顾，动作要快。"

他有时还说："洗完的朋友快穿衣服了，外面有人在卖便宜货。"

上面故事中的服务员用了顺口溜，还使用了夸张法，这都是与他的职业类别相符的。商业幽默也很重要，它能密切卖者与顾客的关系。

在一个菜市场里有个幽默的小伙子，他专卖鲜肉，摊子不大，顾客却很多，原因是他很讨顾客喜欢。他看到中老年顾客，就假装没看清："您好，年轻人，吃点什么？来点小牛肉吧，又嫩又香，吃了小牛肉年轻人特别健壮。"老年人被称为"年轻人"当然开心，何况还有他那巧妙的商品介绍，当然生意好。

小摊小贩要主动和顾客搞好关系，拉近距离，尽量不要说顾客"老"也是成功的秘诀之一。

工人干的是体力活，往往很累。因此，在很多人一起干活的时候，难免会有人偷懒，这时候幽默的批评也就派上了用场。

哥俩在同一个工厂工作，经常在一起干活。

哥哥说："都说一个监工能顶两个人干活。今天我当监工，你干活，咱俩能顶三个人。"

弟弟说："咱俩都当监工吧，两个监工能顶四个人呢。"

职业的幽默无模式，只能根据不同职业、不同对象、不同境遇，随机而发，但必须以"爱"为出发点。

社会的需求是多方面的，工作的种类也是五花八门的。不管你从事什么样的工作，都请用轻松愉悦的态度去面对挑战。记住：即使在工作中，也不妨幽默一下！

培养你的幽默感

幽默感作为一种能力，一种展现个人魅力的手段，像其他技巧一样，是能够通过后天的努力而获得。它是随着人们阅历和知识的不断丰富以及对生活的不断认识而逐渐形成的。

自信、宽容、豁达、乐观的心理素质，是成为一个具有幽默感的人的必备素质。因为，只有这样的人才能正视现实，笑对人生，勇于战胜困难，从而取得胜利。幽默永远属于乐天派，属于生活的强者。

有人曾问萧伯纳，如何区分乐观主义者和悲观主义者。萧伯纳说："看到玫瑰，乐观者说'刺里有花'，悲观者说'花里有刺'。"

萧伯纳的卓见对我们认识幽默是很有启示的。生活中只有乐观主义者才会有幽默感。

美国哲学家乔治·桑塔亚那选定4月的某天结束他在哈佛大学的教学生涯。那一天，乔治在礼堂讲完最后一课的时候，一只美丽的知更鸟停在窗台上，不停地欢叫着。许久，他转向听众，轻轻地说："对不起，诸位，失陪了，我与春天有个约会。"讲完便急步走了。

这句美好的结束语，具有相当的幽默感，充满了诗意。不热爱生活的人，是无论如何也说不出这种富有哲理的幽默言语的。

丰富的知识、广博的见闻是培养幽默感的又一个条件。它能使得幽默得心应手，左右逢源。

苏联诗人马雅可夫斯基演讲完毕后，一位不怀好意的人对他进行诘难："马雅可夫斯基，你的诗不能使人沸腾，不能使人燃烧，不能感染人。"诗人回敬道："我的诗不是大海，不是火炉，不是鼠疫。"众人听罢掌声如雷，而诘难者瞠目结舌。

这里，诗人面对诘难信手拈来，答得巧妙，既回答了诘难者的提问，又使对方始料不及而陷入难堪，我们不得不叹服这位诗人丰富的知识底蕴。

另外，敏锐的观察力和丰富的想象力也是形成幽默感的重要因素。只有具备敏锐的观察力，才能明察秋毫，捕捉住生活中稍纵即逝的幽默素材；只有具备丰富的想象力，才能从平凡的生活素材中，找到别出心裁的幽默构思。观察力和想象力的综合运用，是一种创造力的展现。下面我们看两则实例，先看观察力的例子：

课间，学生问老师："'炒股票'该如何讲？"老师答："这里的'炒'是指形成了热潮，一炒就热嘛。现在的趋势变成什么东西形成热潮，就叫'炒'。比如'炒房地产''炒飞机票''炒巴儿狗'……"学生就问："数理化老师一个劲儿地布置作业，能不能叫作'炒作业'？"

这位学生天真的类比，得益于他及时的捕捉、敏锐的发现，虽然他的表达带有幼稚的童趣，但也不失幽默。

具有想象力的幽默例子也是很多的：

主人请客人在家里吃饭，客人酒足饭饱后仍不想告辞。主人终于忍不住了，指着窗外树上的那只鸟对客人说："最后一道菜这样安排：砍倒这棵树，抓住这只鸟，再添点酒，现烧现吃，你看怎么样？"

客人答道："只恐怕没砍倒这棵树，鸟早就飞了。"

"不，不！"主人说，"那是只笨鸟，不知道什么时候该离开。"

这位主人的确具有丰富的想象力，因此幽默的语言脱口而出。

我们要想以乐观的心态面对社会，除了拥有渊博的知识、综合能力，还要在平时多向别人学习。在与各种各样的人的接触中，你会增加自己语言的库存和表达的才能。幽默，是一种"传染病"。跟幽默的人在一起呆长了，自己也会受到"传染"，我们要有意识地多向有幽默感的人学习，多接近他们。

最后要做的是，切实训练，多行实践，在实践中运用，在运用中提高，你也能成为一个魅力非凡的幽默大师。

第7章 幽默能赢得恋爱的成功

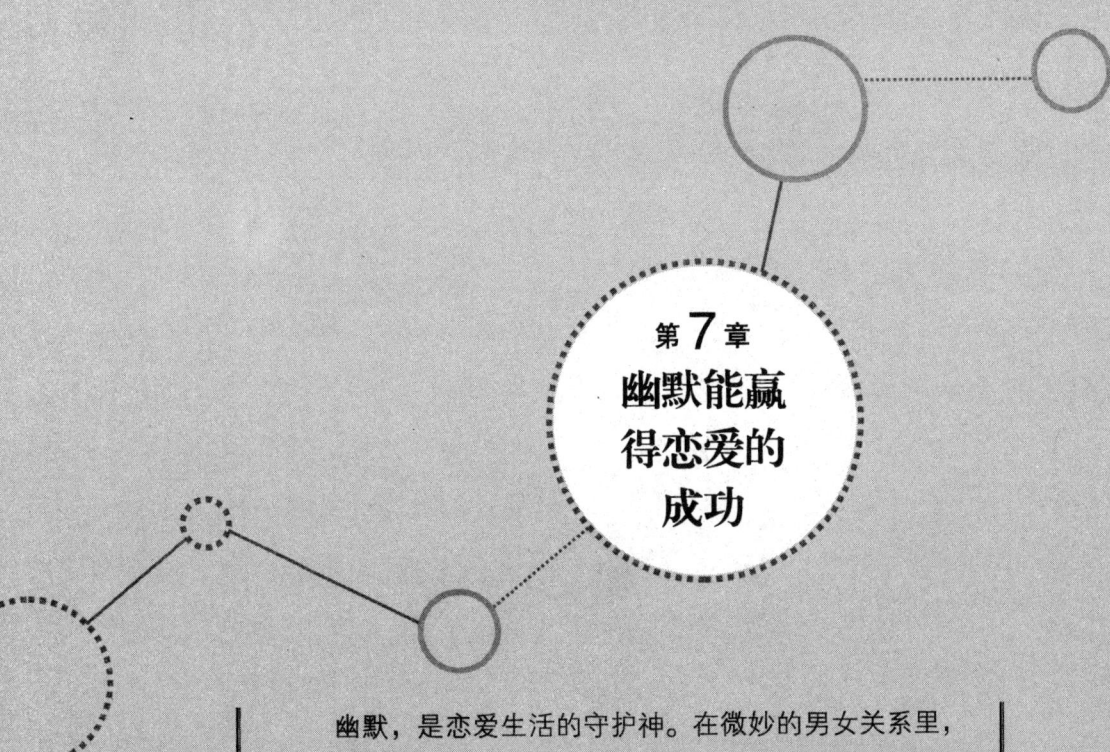

幽默,是恋爱生活的守护神。在微妙的男女关系里,每一个细微的行动,都由不少微妙的心理因素支配着,如果你能技巧性地掌握和运用幽默的技巧和策略,你将会用你的幽默赢得对方的芳心,从而使你在爱情的交锋中所向无敌,胜券在握。

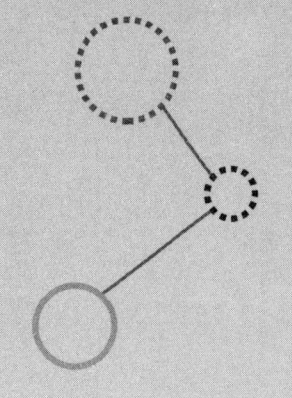

幽默在初次接触中的妙用

一位男生看上了艺术系一位漂亮的女孩,但却不知道她的名字,也一直苦恼没有机会与她搭讪、接触。

有一次,机会终于来了,他看见那位女孩走进一家牛肉面馆,他毫不迟疑地跟着进去了。

他有点紧张地向这位女孩开口问道:"经常在校园见你,请问你叫什么名字?"

那女孩很纳闷地抬头看着他,说:"我叫德州牛肉面啊!"

她显然不想报上真名,但这位男生没有气馁,他红着脸,"噢"了一声,改口道:"那么,我也给自己起个名吧,我就叫意大利面。"

女孩冷漠的脸上立刻露出灿烂的笑容。

后来,这位"德州牛肉面"真的成了"意大利面"的妻子,这就是幽默的奇异效果。

与女孩子第一次接触时,许多男孩子最惯用的办法是预先设计的程序、语言;有些甚至提前准备一张纸条,见面之后塞给对方了事。这种办法在多数情况下效果并不理想,因为我们根本就无法预知实际的情形:在怎样的场合、还会有谁在场、女孩会是什么态度、说什么话等等。而幽默的使用是不需要预先设定的,它总是敏感地捕捉现场信息,并引而申之,产生幽默效果,逗对方发笑。

在人际交往过程中,每个人几乎都有说错话的经历,这也无可厚非,说错了不要紧，只要你能迅速做出补救措施，就能化险为夷。许多社交高手往往是这么做的。

在一次男女聚会上，一位男士对坐在他对面的女士产生了好感，为了引起她的注意，于是他说道："见到你很高兴，你丈夫怎么没来？"

"对不起，我还没有出嫁……"

"噢，明白了，你丈夫是个光棍？"

这位女士先是被男士问得十分尴尬，但马上被男士的话逗得脸上有了笑容。男士带有冒犯性质的问话没有惹恼女士，女士从男士的答话中体味到他的幽默气质，后来，他们真的成了一对情投意合的爱侣。

美好的爱情往往是可遇不可求的，我们要善于运用幽默抓住身边的每一个机会，在一见钟情的时候，用幽默的语言表达出我们内心深沉的爱恋。

机智灵巧地为对方送上幽默

初谙世事的男孩子总希望与自己身边的漂亮姑娘相识、交往，但许多人连相识这一关都过不了。许多男孩切身感到，与女孩搭讪，说第一句话所面临的最大困难就是语言问题。

机智灵巧地捧上幽默，让对方陶醉其中，爱情就好比一棵娇贵的小树，要随时浇水、施肥，才不致枯萎，最终长成根深蒂固、枝繁叶茂的大树。聪明的恋人或夫妻应善于随时把握时机，灵巧地捧上柔情蜜意，让对方陶醉其中。

灵机成趣贵在灵机，摆好架势谈情说笑，再怎么甜蜜的话语都在意料之中；

而灵机一动，在不经意之中给对方送去一片关怀与爱意，不但体现了智慧与幽默，而且可以成功地给对方一个惊喜。特别是对那些敏感的女人，在旷日持久的恋爱所形成的枯燥与苦闷中，你的灵机一动的幽默情话不是晴天霹雳，那也是闪亮的火花，足以震荡爱人的心扉。

一位年轻的大学讲师在热恋中也手不释卷，陪女友聊天时手里也捧着一本书。

女友钦佩他的勤奋，却不满于他的迂腐，她灵机一动说："但愿我也能变成一本书。"

男友不解地问："为什么？"

"那样每天就可以让你捧在手上了。"

男友品出了女友心中的不满，也灵机一动，风趣地说："那可不行。要知道，我阅读速度挺快的，不几天就要换一本新的。"

男友的一席幽默话让女友品味出浓浓的爱意，这胜过任何装腔作势的话语。女人往往喜欢故意刁难恋人一下，这时你也需要灵机一动的幽默功夫，不然就会陷入窘境。下面是大家熟知的例子：

女孩子问她的男友："如果我和你妈同时落水，你该先救谁？"

这真是一个让人不知如何回答的问题，而聪明的小伙子灵机一动："当然要先救未来的妈妈！"

一箭双雕，两面玲珑。而到底谁是未来的妈妈，女儿和母亲谁都可以。如果你真的有这么一位机灵又好出难题的女朋友，那你就得练好临事而顿悟的功夫了。

幽默是一个人品质、能力、智慧的象征，是一种修养。它应当深沉、高雅而不流于滑稽；它应当温和、含蓄而不流于粗俗；它应当稳健、自然而不流于矫揉造作。幽默是用来治愈人的，而不是用来伤害人的。幽默是爱，不是伤害。

有的人也许会认为，可以把伤人的幽默用在婚姻生活中，因为听众是他深爱和关系密切的人，当刺耳的话语说出后，也许会得到包容与谅解。其实不然，如果你不去抑制它，反而毫无顾忌，结果只会适得其反。因此，在两性幽默中，必须保持清醒的头脑，以不伤害对方为宜。

幽默是爱情的催化剂

日本幽默家秋田实认为，幽默是爱情的催化剂。那么，究竟应该怎样向恋人表露自己的爱慕之情呢？这既没有固定的程式可循，也没有现成的话语可套，不过，你不妨运用幽默的求爱方式，即使不能情场得意，至少，也不会给以后的交往造成障碍，还可以保留一份美好的回忆。

而当你将一种语体的表达改变为另一种完全不同风格的语体来表达时，常常会让人忍俊不禁。用这样一种方式来向对方求爱，会使对方在轻松愉悦之中欣然接受。电影《阿飞正传》中就有一段很有创意的幽默情话：

在一个慵懒的下午，阿飞对着苏丽珍说："看着我的表，就一分钟。16号，4月16号。1960年4月16号下午3点之前的一分钟你和我在一起，因为你我会记住这一分钟。从现在开始我们就是一分钟的朋友，这是事实，你改变不了，因为已经过去了。我明天会再来。"

这样幽默又创意的情话，相信没有几个人可以抵挡得了吧！反正苏丽珍没有，下面是她的内心独白：

"我不知道他有没有因为我而记住那一分钟，但我一直都记住这个人。之后他真的每天都来，我们就从一分钟的朋友变成两分钟的朋友，没多久，我们每天至少见一个小时。"

现实生活中也有这样的例子，有一个男孩就是用这种新颖的赞美方式，追到了自己的"白雪公主"，并娶其为妻。妻子幸福地诉说他们浪漫的爱情。

当我在一所大学里做兼职银行出纳员时，一个漂亮的小伙子几乎每天都要到我的窗口来。他不是存款就是取钱。直到他把一张纸条连同银行存折一起交给我时，我才明白他是为了我才这样做的。

"亲爱的婕：我一直储蓄着这个想法，期望能得到利息。如果周五有空，你能把自己存在电影院里我旁边的那个座位上吗？我把你可能已另有约会的猜测记在账本上了。如果真是这样，我将取出我的要求，把它安排在星期六。不论贴现率如何，做你的陪伴始终是十分愉快的。我想你不会认为这要求太过分吧，以后来同你核对。真诚的杰。"

我无法抵抗这诱人、新颖的求爱方式。

只要你肯扬长避短，在与对方的交往中，在言辞上花一些功夫，以幽默风趣的谈吐，制造出一种活泼宽松的交际氛围，不知不觉中，你就会获得对方的青睐。可以这么说,如果爱情中没有幽默和笑,那么爱还有什么意义呢?甚至有人说,爱就从幽默开始。

情书,是用来表达内心的真挚情意,让对方看了能满心欢喜或感动不已,所以必须写得深情款款,才能打动心弦、赢得芳心。情书也是一种极为强烈的"印象装饰",因它企图通过优美的文词和修饰过的语句,来抒发情感并打动对方的心。幽默的求爱、求婚方式,似乎更有魅力,更富于使人心动的浪漫情趣。下面是一则情书幽默:

富兰克林1774年丧偶,1780年在巴黎居住时,向他的邻居——一位迷人而有教养的富孀艾尔维斯太太求婚。

富兰克林在情书中说,他见到了自己的太太和艾尔维斯太太的亡夫在阴间结了婚。接下来,他继续写道:"我们来替自己报仇雪恨吧。"

这封情书被誉为文学的杰作、幽默的精品。文字情书靠语言表达给情人带来更多的幻想空间;因为,文字情书可以抄抄资料、慢慢修正,或用涂改液涂改,写出嘴巴不好意思说或说不出口的爱意。

有一位男青年在给女友的信中说:"昨夜,我梦见自己向你求婚了,你怎么看呢?"

他的女友巧妙地回答:"这只能表明你睡眠时比醒着时更有人情味。"

求爱时,写情书好比投石问路,试探对方对自己究竟有没有"那种意思",如果过于庄重严肃,一旦遭到回绝,势必在情感上一时承受不了,会陷入痛苦之中。如果恰当地运用幽默的技巧,以豁达的气度对待恋爱问题,即使得不到爱，也不至于懊悔，同时也避免了自尊心受到创伤。

在恋爱方面，常常有人因为不知道如何求爱，或因方法不当，或因言语不得体，使对方产生误解，甚至厌恶反感，结果造成"不成情人成仇人"，把本应是一件美好的事情变成了一件非常糟糕的事情。

要想获得对方的好感，并进一步转化为爱情，首先要有一颗真诚的心和诚挚的情趣，更需要机智与幽默的表达。爱的表达是需要一些技巧的，需要花费一番心思，即考虑怎样获得对方的好感与信任，再考虑怎样将好感巧妙地转化为爱情，而不是一味地死缠硬磨，使人厌恶。制造好感是求爱的准备工作；运用新奇幽默的方式向对方求爱则可收到良好的效果。

巧用幽默动听的谎言

孙子兵法中说"兵不厌诈"，其实，在恋爱方面也可以运用这种计谋，必要的时候可以把假话当成真话说，不过对追求的对象或者恋人说谎的时候，要注意运用幽默动听的方式。

一般人求爱在遭对方拒绝时，往往找不到可下的台阶，处境十分尴尬和狼狈，而败下阵来。这时候，运用幽默说谎的手法，你就可以轻松地摆脱窘境。在墨西哥电视剧《卞卡》中，男主人公何塞·米盖尔就运用了一个紧逼盯人的"三段式"幽默说谎法。

女方说："我实在是不爱你！我现在对你已经无法产生兴趣。"何塞·米盖尔毫不气馁，反而从容不迫地说："这不是你心里话！"这种应对既给自己一个可下的台阶，避免陷于窘迫的境地，又给女方一个挽回的机会。

女方又说："我确实是这么想的，这的确是我的心里话。"何塞·米盖尔蓉道："你不要再骗自己了！"这样的话与上面的回答法有异曲同工之妙。

当女方反复强调"我……我根本没有欺骗自己"时，何塞。米盖尔也不慌不忙地说："你不要这样讲了，其实你的心中只有我！"

何塞·米盖尔如此采用"三段式"幽默说谎法，抓住对方紧逼不放，不仅使自己漂亮地走下台阶，而且，也使对方觉得哭笑不得，反而增加了对他的好感，同时，还给对方留有收回此话的余地。如此像何塞·米盖尔一样幽默说谎，反复强调，使对方感情软化后，觉得你对她是诚挚的，她不该就这样拒绝你，最终也就回心转意了。

上面的那个故事中何塞·米盖尔无中生有的幽默说谎法值得人们学习。不过，一般情况下当你要"哄骗"对方之时，最好还是用客观的态度去观察问题，等准确地发现了其价值以后，再着手进行。当对方并不是特别美丽时，你可以这样幽默地赞美对方：

我在三种场合之下去爱女人。第一是碰到趣味高雅的女人，第二是身体有所需求之时，第三（也就是你的场合）就是碰上理想的对象之时……

啊！完了！我好像掉入了你美丽的陷阱里面去了……

不能赏心悦目地去欣赏对方优点的话，你充其量也不过是浅薄的情人而已。如果你想使你的陋习得到对方的谅解，你可以这样说：

不能原谅的，是男人不爱干净的习性。可是，我认为你会原谅我的——因为，你的美丽会抵消我的丑恶。

如果你想让他（她）明白你真的很想他（她），你可以这样夸大你的思念：

自从昨天跟你分手之后，今天已经过了整整的"一个月"了。

这是一句能够赢得女人芳心的话，但是有一个前提，那就是你必需认真严肃地把这句话说出口来。

对幽默以及爱情来说,"善意的欺骗"乃是被用惯了的技巧。懂得幽默的人,对于自己幽默的话语,能够付之一笑,对于自己肉麻兮兮的谎言,也大可一笑置之。

使用幽默自然增进亲密

情场中的"若即若离"指的是什么?内心里喜欢她,但却装出没有多大兴趣的模样,待你离开她有一段距离时,却可以表现出对她有意思。

为了要扮演此种"若即若离"的角色,你不能操之过急,必须竭力地忍耐。如此你认为自己是一个出色的幽默家,那么,忍耐一点又何妨?你可以说:

我俩一块去喝茶吧!但是,我们不要过多地谈有关恋爱方面的话题。如果说得过火了一些,很可能会"弄假成真"呢!

或者:

据说,男人口中的"是"仍然是"是",而女人口中的"要"却是"不要",当真有这一档子事?我俩一块散步,你顺便就说给我听听吧!

"若即若离"不是停滞不前,在"若即若离"的过程中也要有所发展,要想方设法的使双方的关系不断有量的积累,这样才会在一定的时候使双方关系产生质的变化,才能够让双方的恋爱水到渠成。下面就是利用幽默增进双方感情的例子:

当一位小伙子把钱夹忘在餐厅时,和他熟悉的姑娘对他说:"钱夹忘了没关系,别把我忘了就好。"两人的关系更亲密了。

量的积累达到一定程度，到了时机成熟之际，也就是你已经"坐关"完毕，是不必再忍耐下去的时候了。到了这时，你就要满足她(他)的期待了。这时候你就要勇敢地向她(他)表白，千万不可错过时机，看看下面故事中的男办事员是怎么样约会女办事员的：

男办事员："我俩到那边的茶店喝一杯咖啡吧！"

女办事员："那怎么成？中午的休息时间只剩下五分钟了。"

"你就相信我吧！我是办事能力最高的专家呢！我只想对你讲一句话而已……"

毫无疑问，幽默的言谈是男女关系中最富情感张力的语言形式，使用幽默能自然地增进亲密，增进彼此的爱情。

幽默言谈最易激发爱的温柔

幽默的言谈最易激发爱的温柔。借助幽默，我们能让自己所爱的人感受到无比的幸福和快乐，顺利取得求爱的成功。

为什么有不少年轻小伙子相貌堂堂，举止文雅，也很有能力，又不乏"男子汉"的风度，却每每情场失意呢？关键就在于他们不善幽默。他们或者寡言少语，或者饶舌不停，然而没有一句话是机智幽默的。这使对方深感索然无味，话不投机。相反，富有幽默感的人谈情说爱却更容易成功。因此，男女约会时，双方若能以幽默的口吻交谈，可使感情火速增长，顺利步入爱情的殿堂。可能少有人知，伟人马克思其实也是一位情场高手，他在向燕妮求爱时就恰当运用了幽默的求爱技巧：

马克思与燕妮早已相识相知，但一直没有互相表白心迹。一天黄昏，他俩又相约于河畔的草坪上，马克思决心向燕妮求爱。他对燕妮说："燕妮，我想告诉你，我爱上了一个人，准备向她求爱，但是不知她是否同意？"

燕妮知道这个"她"就是自己，但仍然反问："是吗？那是谁？"

马克思说："我这里有一张她的照片，你想看看吗？"

燕妮紧张地点了点头，于是马克思拿出一只精制的木匣递过去。燕妮接过来，双手颤抖地打开。里面没有照片，只有一面镜子，镜子里正好映照出燕妮已经羞红了的脸庞。

两人之间美好爱情的面纱就这样巧妙地被揭开了，燕妮幸福地接受了马克思的求爱。求爱成功后，相爱开始了。从此，两人卿卿我我，山盟海誓，如胶似漆。

马克思所用的这种幽默求爱方式，在今天看来，其可效仿指数也是相当高的，朋友们不妨也在求爱的时候运用这种方法，成本很低，只需要一面镜子就可以了。当她（他）看到镜子里的自己的那一刻，你可以看着她（他）的眼睛说这样一句话："一个世纪前，伟大的导师马克思用这种方式向他最爱的人燕妮求爱，今天，我效仿马克思做同样的事情，也希望能获得同样的结果，希望我们能像马克思和燕妮一样恩恩爱爱，白头偕老。"你觉得她（他）还能不被你的浪漫和幽默感动吗？

一直以来，爱情都是一个神圣而温馨的话题。爱情不是苦苦追寻，不是强扭硬缠，而是心与心的交流，是情与情的互换。有的人"一见钟情"，婚姻美满；有的人"马拉松式"拍拖，最终分道扬镳。赢得知音、赢得爱情需要一颗真诚的心,一种诚挚的情,更需要机智与幽默的表达。制造好感是求爱的准备工作,运用幽默可形成良好的第一印象。

老一代著名电影艺术家赵丹(曾被誉为中国影坛上的"一朵奇葩")与黄宗英的结合,很大程度上取决于第一次见面时赵丹的幽默。20世纪40年代,赵丹刚从监狱出来,妻子改嫁。一部电影挑选了赵丹与黄宗英扮演男女主角。在没有见面之前,赵丹就对黄宗英倾心。当第一次见面时,他们有下面的对话:

黄宗英:"真没有想到,你会来接我。"
赵丹:"为啥我就不能来接你?"
黄宗英:"你家里就没有一点事?"
赵丹:"家?我早就没有家了。"
黄宗英:"我不明白,大上海有那么多明星,为什么千里迢迢要我来?"
赵丹:"这叫千鸟易得,一凤难求。"

作为一位艺术大师,赵丹在寒暄中,三言两语就把自己的家庭、婚姻及追求表达得淋漓尽致,他用轻松幽默的谈吐赢得了黄宗英的好感,争取了凤求凰的主动,使他们的珠联璧合有了一个良好的开端。

第一次见面给对方留下良好的印象很重要,但一般情况下,感情还是慢慢培养起来的,当感情发展不可抑制时,也可巧妙地运用幽默技巧向对方求爱,求爱时不能操之过急,也不要过于慷慨激昂。法国人是最懂浪漫的,下面我们就来领略一下法国人浪漫的求爱方式:

在法国,有一个小伙子爱上了一位姑娘。一天,他又来到姑娘家,两人在火炉边烤火。最后,他说道:

"你的火炉跟我妈的火炉一模一样。"

"是吗?"姑娘漫不经心地应道。她还以为这是小伙子随便说的一句话。

"你觉得在我家的炉子上你也能烘出同样的碎肉馅饼吗?"他幽默地问。

姑娘愣了一下,随即悟出了问话所含的意义。她欢悦地答道:"我可以去试试呀!"

一个普通的火炉,一种碎肉馅饼都被这个法国青年作为求爱的工具,幽默风趣,含蓄委婉,与如此浪漫机智的男青年在一起,姑娘的幸福可想而知。

幽默要注意把握分寸

如果我们足够幽默,足够风趣,我们就很可能让恋人陶醉在爱河之中。不过,对初相识的情人说来则要慎用幽默,因为,根据爱情心理学,此时女性最迫切需要的是男性的力感,因此,初交女友,幽默要注意把握分寸,只有"力感"的晕轮效应达到一定程度,双方关系足够密切后,再适当地使用幽默来增强美感,才能取得较好的效果。例如:

一对恋人相爱很长时间,感情很深了。有一次,他们一同看话剧,第二幕还未开幕,男孩便一本正经地对女友说:"别看了,咱们哪有时间等这么久。"女友感到很疑惑地说:"精彩的还在后面,咱们又没有什么急事啊!"男的指着字幕说:"你看,那不是说第二幕在一年之后才演?"女友笑得前仰后合,轻轻捶打男孩。

但是,如果男女相识不久,第一次约会看戏的时候,也来这么一个幽默,对方一定以为那个男孩精神不正常，或者认为他太幼稚做作了。再如：

一对情人去买兔皮大衣，女方很喜欢那件黑色兔皮大衣，但担心它不能适应雨雪水，就问男友："它怕雨雪吗？"男的幽默回答："当然不怕，你看过哪个兔子下雨打伞？"一下子就把女方和售货员都逗笑了。售货员直对女孩夸他的男朋友聪明风趣，女孩感觉脸上很有面子，对男孩的感情更深了。

可是，若是男孩刚认识女方，这么一幽默，惹得大家都笑，她就可能误以为男子不够稳重、成熟，即使售货员一直夸奖男孩，她也会在内心里更加慎重考虑了。

处于热恋中的情人，也不可忘了不时利用幽默来给爱情加温。这时来点幽默，更能创造出轻松愉快，富于情趣的爱情生活。只要你挑动幽默这根弦，即可与你的恋人奏出一曲和谐的恋曲。

一次，一个小伙子从背后捂住了正在公园长椅上等他的恋人的眼睛，道："只允许你猜三次，若猜不中我是谁，我就吻你一下。"

你猜女孩怎么猜的？

她张口喊道："你是——张学友？梁朝伟？金城武？"

当然，在这方面的幽默故事还有很多：

数学家同女友在公园散步。女友问他："我满脸雀斑，你真的不介意？"
数学家温柔地说："绝不！我生来最爱和小数点打交道。"

返还式幽默在恋爱中的运用

男女青年在恋爱生活中还可以运用"返还幽默"的技巧，这往往跟恋人的好奇心、自尊心、好强心等因素有关。一般情况下，面对男人的甜言蜜语或者明显的虚情假意，女孩子常束手无策或者疲于应对，但如果有了幽默这种武器，则可在爱情的交锋中占据优势，这样既可使对方的不实之辞败露，又让对方感到你可爱、机智、风趣。下面就是一个运用返还幽默的故事：

男："请你相信我，我真的很爱你。"

女："你让我怎么相信呢？"

男："宝贝，我那纯洁的爱情只献给你一个人。"

女："那么，你想把那些不纯洁的给谁？"

恋爱生活中，返还幽默有时候是在无意识中被运用的，这种返还幽默往往是灵感突现的神来之笔，比如上面故事中的女方，她就是根据男方话语中的漏洞突然地产生了幽默的灵感。而大多数情况下，人们总是有意识地运用返还幽默，这种运用不是突然而来的，而是经过日常幽默素材的积累并在某个特殊的时刻爆发，它给恋爱生活带来无比的欢乐和情感。请看这一对恋人的表现：

一对恋人进入了热恋阶段，他们在公园里如醉如痴地亲热后，女朋友问："我问你，别瞒着我，你在和我亲热之前，有谁摸过你的头，揉过你的发。捏过你的颊？"

男孩说:"啊,这太多了,昨天,就有一个……"

女孩愕然,忙问:"谁?"

男孩说:"理发师。"

上面故事中,男孩的幽默灵感就来自"昨天"理发的经历,是经过"昨天"的储备而在"今天"特定的时刻引发幽默的。也可能男孩"昨天"根本未曾理发,不过,理发的经验可能是他这个返还幽默的素材来源。其实恋人间的返还幽默,在一方回击另一方的嘲讽的时刻,应用得最多。

一对恋人正在海滩上躺着,女孩看到一个穿最新款三点式泳装的女郎站在滩头搔首弄姿。"喂,你看!"她向男朋友叫道,"她和你崇拜的一模一样。"

但男孩并不理会,闭着眼睛躺在那儿。

"怎么?难道你真的一点都不感兴趣吗?"女孩诧异地问道。

"当然,"男孩说,"她要是真的一样,你是绝对不会让我看的。"

这位男孩面对女朋友的嘲讽,非常冷静,用带有幽默感的攻击回应了她,既批评了女朋友的小气心理,又表达了他知道她很爱他的情感。

大家都知道爱情是自私的,但有时处理不好会使恋人的关系走向破裂,如果你吃恋人的醋,不妨用一种幽默的表达让对方知道,像下面这则幽默:

男:"你是我的太阳……不!你是我的手电筒!"

女:"怎么?不是说太阳吗?"

男:"不行,太阳普照所有的男人,我只希望你照着我一个人。"

爱情是美好的，幽默更给她锦上添花。如果爱情表达死板，肯定会令人生厌。

小伙子向他的女友表达爱慕之心："亲爱的，我真爱你。你像天上的月亮一样美丽，又像星星那样可爱，还像太阳一样给我带来了光明和温暖。我没有你，就像没有空气一样，简直无法生存。"

他的女友忍不住打断了他的话："你是在谈恋爱，还是在给我上天文课！"

返还幽默，给恋爱生活增添了更多的情趣，恋人间的幽默调侃，永远是一种迷人的诱惑，谁能抵挡得住这种诱惑呢！如果你懂得在恋爱中运用返还幽默，你的爱情生活将会变得有滋有味！

第8章
幽默使家庭生活更加美好

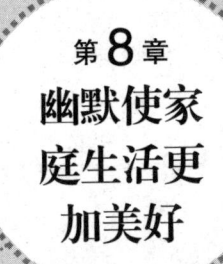

　　家庭由于爱而产生,靠爱来维护,而爱需要不断地注入活力。许许多多的人有过从爱情到"城堡"的感受,当初的爱似乎枯萎了。妻子埋怨丈夫好吃懒做,不理家务,感情迟钝。或者丈夫认为妻子缺乏激情,枯燥乏味,如此等等。殊不知爱情也好,家庭也好,都依赖一种双向的合力运动,成亦在此,败亦在此。家庭生活中的幽默,能使夫妻这两个"轮子"协调起来,朝着同一方向滚动。他们以幽默来代替粗鲁无礼的语言,解决日常生活中的分歧。虽然他们也相互挑剔,也会产生纷争,但是经过由幽默产生的情感冲击之后,一切纷争都显得微不足道了。

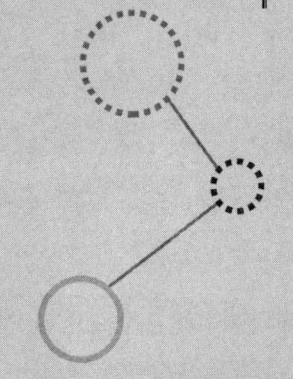

幽默使得家庭生活妙趣横生

"狄恩,你家里谁是一家之主?"

"我妻子掌管孩子、钱财和家务,而我为小狗制定法律。"

这位丈夫坦率的自嘲,幽默而又风趣,既道出了自己在家庭中受制于妻子的境况,又不伤夫妻和气,幽默的语言运用得恰到好处。

在婚姻家庭生活里笑你自己,让每个人都知道你不仅有人情味,还有幽默感,像下面这些自嘲的话语都可以使用:

"我太太逼得我天天喝酒。"

"你算幸运。我太太逼得我走出去。"

"我太太得了一种罕见的怪病。她的手臂愈来愈短了。我为什么知道它变短了——因为我们刚结婚时,她的手可以环住我的腰。"

"我戒酒了,为了太太和我的肾脏而戒掉的。"

以自嘲的幽默方式化解矛盾,调侃自己,而不是去损害对方、挖苦对方,于一笑之中使各种不快在顷刻间烟消云散,实在是一种高明之举。除此而外,还可以和配偶一起笑,而不是取笑对方。譬如:

"我丈夫是个乐观主义者,他从来没想到事情最坏的一面,但是当不幸发生时,他会使它坏到极点。"

"我尽量帮你调出你想要的颜色,但是油漆店里的人告诉我,当先生订购特别混合的颜色时,需要有太太签名的同意书。"

这些话远比抱怨之辞更能让人愿意接受。

一位满腹辛酸的家庭主妇说:"有时我宁可被爱过之后而遭遗弃,因为这也要强过为六个孩子复习功课。"

但实际上她愿意侍弄孩子而不愿被弃。这句幽默言辞既包含了抱怨,又渗透出了一些淡淡的满足感,其目的只是为了引得她的丈夫与她一起笑。

上面这些幽默的言辞都不同程度地揭示了在婚姻或家庭生活中夫妻对于现实及对于对方的不满或抱怨,但不是直接地抱怨和发牢骚,也不是刺伤人的粗俗的幽默,而是以温和的、风趣的言语,轻松地将家庭生活中的矛盾与无奈,把自己在家中的境况婉转地表达出来,让人在细细品味之余不禁哑然失笑。

在现实生活中,饶舌的妻子总在寻找机会打趣、调侃一本正经的丈夫。

试看这样一则幽默:

一天,丈夫外出,穿了件崭新的白外衣,没料到遇上倾盆大雨,把全身淋透,成了个落汤鸡。正好他路过朋友家,于是向朋友借了件黑外衣穿回家。

到了家门,看门的狗狂吠不止,并扑向他身上。丈夫很生气,正想拿起一根木棒打它时,妻子出来说:"算了吧,别打它。"

丈夫生气地说:"这条狗真可恶!连我也认不出来了。"

妻子说:"亲爱的,你也要设身处地为它想想,假如这条白狗跑出去变成一条黑狗回来,你能认得出来吗?"

妻子把丈夫的遭遇与狗的变化联系在一起，即把丈夫比作了狗，这不是嘲讽他，而是夫妻间一种亲昵的举动，丈夫不但不会怪罪她，反而会被这种歪理逗笑，心头的不快也会化为乌有。

善于进行歪曲推理制造幽默，会使家庭气氛其乐融融，从而让人体会到家庭的温暖与夫妇之爱。

有一天丈夫对妻子说："真糟糕，我的胡子越来越白了，头发却还是黑的，这多么难看，别人一定认为我的头发是染的，你说这是怎么回事？"

妻子说："那还不简单，你这嘴巴用得最多，而脑袋用得最少，所以胡子先白了。"

丈夫一句一本正经的家常话，却让妻子找到了进行幽默的灵感。妻子没有正面作答，反而把说话与胡子、动脑筋与头发这种毫无内在本质联系的事物，巧妙地牵扯到一起。这不是奚落，不是挖苦，而适宜的一种调笑，一种戏谑。夫妻间能进行这种大胆的幽默方式，即一方调侃对方而不开罪于对方，足以证明爱之深切，夫妻关系能经得起这种言语上的"冒犯"。

丈夫悄悄地告诉妻子："哈里这人真不是东西，刚才在路上遇见他，但他却没有理睬我。这人太高傲自大，好像我不如他似的。"

妻子安慰丈夫说："别生气！哈里有什么了不起，你当然不会不如他，你刚才不是也没搭理那个笨蛋吗？"

妻子的安慰话，让人忍俊不禁。她的答语，好像在夸奖丈夫的高明，实际上却说明了丈夫与哈里那个笨蛋毫无二致。但这种歪曲推理术，却也起到了安慰丈夫、逗丈夫开心的作用。这也是夫妻之间一种关爱的体现。

由此可见，夫妇之间运用这种幽默方式，不但活跃了气氛，愉悦了性情，而且表现了一种夫妇之爱，使得家庭生活妙趣横生。

幽默让生活中有意义的时刻久留

许多人认为，生活是时间的形态。在家庭生活的漫长时间里，这形态会显得呆板而凝固。于是便有了节日、生日等活跃生活的活动，人们在这些活动中怀念某些值得怀念的时刻，其最终目的是为了更好地生活下去。

因此，我们应该抓住生活中某些有意义的时刻，让直达人心深处的幽默产生长久的影响。我们不妨在这时刻疯狂大笑一下，以便将来回顾这时刻时，仍然要露出微笑。

罗钦斯基夫人在她写的《生命的乐章》一书中，提到这样一个故事：

罗钦斯基家第一个孩子刚出生不久，那天，妻子坐在楼上卧室里，忽然楼下传来了一阵阵饱满而雄浑的音乐声。她想，这很平常，因为她的丈夫是纽约爱乐交响乐团的指挥。这时她丈夫上楼对她说："我刚买了一张巨型唱片，有房子那么大。"她半信半疑地望着他，问："那唱机要有多大？""要18个人抬。"他说。罗钦斯基哄她下楼，她看见竟有一屋子神采飞扬的音乐家，在演奏李察为庆祝他们的长子诞生而作的曲子。音乐家们看到夫人下楼，便停止演奏，有人问罗钦斯基："你生了个儿子，满意吗？"他回答说："这得问我夫人，因为孩子是她生的。至于我，诸位，我平生最满意、最辉煌的成就，是我竟能说服她嫁给我！"妻子立刻接着说："我为他生了孩子，却丢掉了皇冠！"一刹间整个屋子笑声沸扬。

这件事使他们终生难忘，罗钦斯基夫人一想起它，就会想起罗钦斯基带给她的温暖。

据说，有一个极富幽默感的人，在他的结婚宴席中讲了一句后来广为流传的妙语。当时人们一定要他回答为什么爱上了新娘。他说："我不知道，这可能已铸下大错。当初我只是爱上了她的酒涡，因为我贪杯，我现在要同她整个人结婚！"

这么说引起了轰堂大笑，很久以后有人还问他："近来你还贪杯吗？"

无论是他妻子，还是他本人，谁也不会把这愉快的一刻忘掉。

从幽默中发展出生活喜剧

有一个8岁的小孩，奉父亲之命写一篇作文。作文的标题是《我的父亲》。孩子想了半天，写道：

"我的父亲会爬世界上最高的山，会游过世界上最大的海洋，会驾驶世界上最快的飞机，会打倒世界上最凶猛的老虎。"

写到这里，孩子母亲走过来，看了看，拿起孩子的笔添了一句：

"但是，平常他多半只是把垃圾拿到屋外去"。

这位父亲看了以后大笑不止，而他平时却是个难得发出欢笑声的人。据说，左邻右舍听到笑声都感到纳闷，他们来打听他为什么笑。结果，看了那篇作文后，也都加入了笑的行列。"难道我就干那么一点点吗?!"那位父亲发出很大的笑声，对邻居说，"我差不多是个雇佣军，24个小时都在为她们干!"

我们撇开那位父亲的"倒垃圾问题"，就会发现，孩子的母亲在有意构成一出喜剧。她在孩子夸大事实的词句后面，加了一句孩子式的缩小事实的词句，这样造成了较强烈的幽默，引发了丈夫的笑声。这是凭借幽默的力量，从家庭生活中生发出的一个喜剧。

心理学家弗洛姆也说："人想的多半是被爱，较少想到自己爱的能力。"

较少想到自己爱的能力的人，他们只在乎自己有没有得到，不在乎是否尽力做些事情来取悦对方。

在家庭生活中，我们要问自己的真正问题也许是：你我是否把空余时间都耗费在打扮和穿着上了？你我还有没有时间学习如何爱人？

我们从男人的装饰品种类日益繁多中，可以看出男人也在追求"如何使自己更可爱"。至于女人的化妆品就更令人眼花缭乱，其种类之复杂，价格之昂贵，令天下爱美的女性不知所措。尽管这样，仍然有人不惜在其中下功夫、花金钱，试图博得别人最大的欢心。

能够被人喜欢当然很好，但是，我们在努力使自己显得更可爱时，造成的悲剧常常比喜剧多。我们来看看一些丈夫们所说的话：

"我娶她，是因为她是个绝世美人。现在她真美得绝世了，连我也不存在了。"

或者是："我娶她，是因为她纤细娇小，哪知道她打扮起来像在给一头大象化妆!"

我们也听过做妻子的这样说：

"当初他答应给我月亮的。现在他把买月亮的钱花在自己身上了。"

或者是："当初他是跪着向我求婚的，现在他矢口否认，他说即使面对上帝也决不会下跪！"

还有一对夫妇这样说："我们之所以结婚，是因为两性的吸引力太大了。现在呢？30岁就到了更年期！"。

这些话几乎司空见惯——因为由彼此的迷恋或相互吸引而结合的婚姻太多了。这样的婚姻关系中，几乎没有关心、了解和领悟，差不多完全建立在对外表特征、个人的愉快和异性的好奇上。

我说这只是低层次的爱，跟商场上的交易没什么两样。下面是这类"商氏夫妇"的对话：

妻子：要不是我有钱，你哪会有这么贵的戒指、手表、汽车？一辈子也没有！

丈夫：是的，要不是你有钱，你就不会得到我了，一辈子也得不到！

这就是交易，没有丝毫给予。

现在我们再回想一下那位写《我的爸爸》的孩子的母亲，难道她不是一个令人羡慕的好妻子吗？至少她懂得如何爱人，并以幽默给丈夫带来快乐。基于这一点发展出来的生活喜剧，会给家庭带来双倍的稳固，进而产生更有活力的爱情。

幽默让生活轮子平稳滑动

在家庭生活中,我们不仅需要有温柔的感触,不断激荡的热情,也需要有充沛的情感智力。这种情感智力表现你的灵巧、有趣、富有生气,使生活得到平稳的发展。

有一位先生跑回家时,气喘吁吁,却又得意洋洋地对妻子说:"我一路跟在公共汽车后面跑回来,这一来我省了5毛钱。"

他妻子说:"那你为什么不跟在计程车后面跑?跟计程车跑可以省下3块钱。"

这对话是一个良好的开端,之后整个晚上他们的精神都很好,屋子里充满了愉快的笑声。

艾森豪威尔总统也曾经讲过一个笑话,说到他有个朋友应邀参加高尔夫球4人对抗赛。当时他妻子在场,他说:"抱歉,我太太不喜欢我打高尔夫球。"

"何必怕她?"另一位球友取笑他说,"你是个男人,还是一只老鼠?"

"我是男人,"这位朋友说,"但是我太太怕老鼠。"

于是这对夫妇一同笑起来。艾森豪威尔的这位朋友知道妻子反对他打高尔夫球,他既顺从了她的意愿,同时又责备了她,却又以幽默引发的笑声来结束这个问题。

和这种人在一起,我们会觉得愉快,觉得有一种安详、可靠的机制在随时校正某些可能出现的行为偏差。

通常，这种润滑生活轮子的幽默暗含着善意的讥讽。但它产生出来的却是情感的火花，使这"轮子"走上更直的坦途。

家庭生活中极需这种幽默。我相信，无论在什么情况下，一对善于以幽默来润滑生活轮子的夫妇，他们获得的幸福与安宁比任何家庭都要多。

用幽默暗示责备可增进家人感情

如果在双方发生分歧的情况下，你撇开严肃的态度，以幽默来暗示责备，那么即使是半讽刺、半宽容的幽默也能提醒人，也不会伤害人。因为幽默多半不是决定于我们说什么话，而是决定于我们对所说的话有什么感觉。

例如有一位太太，对钓鱼、打猎、跳舞都没有兴趣，而棒球更让她想到"棒打薄情郎"。但是这四项活动都是她丈夫的嗜好，每一次他享受这些休闲活动时，必定要求她同往。

最后她哀求："比尔，你得学会独立生活。"

"怎么啦？"丈夫摸不着头脑。

"为什么你不能像别的丈夫那样，哪儿也不带我去？"

注意：这位太太以幽默表明了一个重要看法，即兴趣的共享与坚持形影不离是有所区别的。有一句现代名言提醒我们："爱就是相近到足以亲昵，但又必需保持适当的距离。两性中的适当距离便于个人成长。"

下面是几则同样的幽默例子：

儿子问:"爸,阿尔卑斯山在哪里?"

父亲答:"去问你妈!她把什么东西都藏起来了。"

妻子说:"汤姆,你得了一种罕见的怪病。"

丈夫说:"什么病?"

妻子说:"你的手臂越来越短了。我们刚结婚时,你的手可以环住我的腰。"

妻子开玩笑地说:"你需要一只闹钟,早上可以叫醒你。"

丈夫不太高兴地说:"不必了,有你这只闹钟在旁边就够了。"

丈夫说:"亲爱的,我第一次发现你原来还是个美人。"

妻子说:"结婚5年了,你才发现!早知道这个家埋没人才,我才不来呢。"

丈夫注视着刚刚走进客厅的太太,她的头上满是发卷。

丈夫说:"老天!你又怎么了?"

"我刚做了头发。"

丈夫看看手表说:"要到什么时候才拿下来?"

我们看到的这些幽默对话,能将个人的看法有效而确切地表达出来,它在暗示责备的同时,无疑也有助于增进家人的感情。

幽默力量可促进家庭的和谐

丈夫又回来晚了,一进家门就看见妻子严厉的目光,他自知理亏,又感到很不好意思,就走到沙发前,逗小猫玩。

他刚低下头,就听妻子一声叫喊:"喂,你和那头笨猪在一起有什么意思?"

丈夫明知在骂他,故作不知,笑着说:"这哪里是猪,这是猫呀!"

妻子看也不看他一眼,对小猫一招手:"亲爱的,到我这里来,刚才我是在跟你说话呢!"

由于说话对象的完全不同,导致言语中幽默力量的产生,从而缓解了紧张的气氛,达到了和谐的效果。

幽默力量的光辉照亮着彼此的差距,也照亮时间给人带来的改变。

"男人到了能够把女人当一本书来读的时候,他的眼睛已经不行了。"

借着幽默的力量,我们应该承认并接受时间带来的改变。

妻子对丈夫钟爱线条美、身条细的嗜好大为不满,大声训斥:

"既然你那么喜欢高挑的身材,当初何必要我呢?"

"我以为你会长高的。"丈夫答道。

景况的改变带给人的影响,会使人们知道婚姻和家庭生活中的新角色能造成很大的不同,这不同会改变人们以幽默力量来包容他人的方式。

男人可以用这样的方式开妇女的玩笑，说女人是：

"我太太只有一件事会准时到，就是买东西。"

"谁说女人不会保守秘密。只不过是需要保密的女人更多而已。"

而女人则可以用这样的方式开男人的玩笑：说男人粗心大意，不够体贴。

"你太沉迷于高尔夫球了。"太太抱怨，"你连我们结婚纪念日都不记得了。"

"我当然记得，"丈夫抗议，"就是我挥出35尺一杆进洞的那一天。"

说男人漫不经心，不懂欣赏。

"5年来，我先生从来没有好好看过我一眼。"有一位妻子也抱怨，"要是将来我有了什么三长两短，恐怕他连我的尸体也认不出来。"

角色的对调可以激发人们以新的方式来发挥幽默力量。毕竟，性别仅仅表示人们的身份有所不同，而未规定所做的事亦应不同。

男人也许不会想到自己扮演这样的父亲角色：怀里抱着啼哭的婴儿在客厅里走来走去，而母亲正在卧室里休息。

有位父亲嘀咕道："从来没有人问我，是如何使婚姻与事业兼顾的。"

对这些新角色的话题，不能只用一句妙语就把它们轻松带过，如："我认得一个女人，她怀孕了，但是不确定孩子是否是她的。"或"今日的妇女解放者不去追求男人，就像捕鼠机并不去追老鼠一样。"差不多可以肯定上述的妙语都是在取笑他人。这样做不但自己毫无收获，而且还可能制造敌对和怨恨。而下面的例子都不同。

幽默的力量会使人们想到这类问题：

"如果上帝对亚当满意的话，为什么又把夏娃造得如此不同？"

幽默家艾登斯认为女权运动太嚣张了：

"我正在写一本关于男权运动的书。"他说，"就快出版了——只要我太太同意。"

在图书馆门口，有一位男士开门让一位女士进来。

"如果你因为我是女的，所以开门让我进来，那就算了吧！"她说。

"不，夫人，"他回答，"我为您开门，是出于尊重你是个长者。"

有一位信息公司的董事长，从他部下职员处发现两性角色有逐渐改变的趋势。他相信在未来10年内，会有更多妇女希望家庭与工作兼顾，夫妇之间要多分担彼此的角色。

"婚姻将会令人兴奋，关系将会更美满，"他预测，"这对两性均会带来更多的乐趣。"

有了这一幅幸福的远景，还有谁愿意打光棍？如果还有人想——这种人就需要多培养幽默力量！

当你和爱人之间有什么意见不同时，不妨一起笑——笑你们的不同。

试着以幽默去保护自己的家庭

有对夫妻是大学里的同学，结婚后经常吵架。两个人都感到忍无可忍了，在一次争吵中，女的说："天哪，这哪像个家！我再也不能在这样的家里呆下去了！"说完，她就拎起自己放衣服的皮箱，夺门冲了出去。

她刚出门，男的也叫起来："等等我，咱们一起走！天哪，这样的家有谁能呆下去呢！"男的也拎上自己的皮箱，赶上妻子，并把她手中的皮箱接过来。

结果，他们不知在哪儿转了一圈，又一块儿回家了，回来的时候，他们的神情像刚刚度完蜜月一样。

是那男子的一句幽默话挽救了这个家庭。即使那位丈夫确实不想去追自己的妻子，但在那个时刻，除了依靠幽默的力量外，又有什么更好的办法，能使妻子在极短的时间内回心转意呢？

富兰克林说："婚前要张大眼睛，婚后半闭眼睛就可以了。"

婚后睁大眼睛的人，多半抱怨自己婚前瞎了眼睛。

所以，任何一个成了家的人，不要轻易去否定自己的眼力。应当试着以幽默去保护自己的家庭。如果没有根本性的、重大的分歧，幽默将使家庭生活始终处于最佳状态。

以开玩笑的方式来表达爱情

有一位男士,很有幽默感,为人脾气随和,他的妻子似乎受他感染,也很有幽默感,两人彼此之间经常开些小玩笑,丰富两人的感情生活。

有一次在电梯里,只有三个人。这位男士目不转睛地注视一个美丽的长发女郎,他的妻子很不高兴。

突然,那个女郎转过身来,给了这位男士一记耳光,说道:"我教训你下次别偷捏女孩子!"

当夫妻俩走出电梯时,这位男士委屈地对妻子说:"我并没有捏她呀!"

"我知道,"妻子说,"不过,我捏了她。"

为了给丈夫一个教育机会,他的妻子巧妙地利用女郎常规的心理反应,使女郎判断失误,叫丈夫有苦难言,给丈夫一个有趣的教训。

这对于一个具有幽默感的丈夫来说,不为过分,而且有的丈夫还会用欣赏的目光来看待他的妻子。而对于毫无幽默感的丈夫来说,妻子最好不要自作聪明玩这种心理游戏;否则,将是另外一种难堪的结局。

在我们周围,我们随时可以看到一些聪明的夫妇是怎样以开玩笑的方式来表达爱情的。

丈夫对朋友说:"我夫人从来不懂得钱是什么,她以为任何商品都是5折的东西。"

妻子接着说:"所以我才会嫁给你,你的聪明也是打过折扣的。"

睡前,丈夫要妻子到时叫醒他看足球现场直播。妻问:"明天看重播不一样吗？"

丈夫就问："新婚和二婚能一样吗？"

夜过半，妻子大声嚷道："快起来看你的新娘子。"

一日，妻子欲寻找一样东西，在丈夫抽屉里竟翻出一大叠美女相片，妻子十分气愤。

丈夫扔之不忍，留之不行，灵机一动，在每张相片背后写上一句："再美美不过我妻子。"

妻子方才眉开颜笑。

妻子一直在提醒丈夫："别忘了，明天是我们的结婚纪念日，你说我们该怎样庆贺？"

丈夫考虑了一会儿说："到时候，咱们安静两分钟，如何？"

因此，我们应该抓住生活中某些有意义的时刻，让直达人心灵深处的幽默产生长久的影响，以便将来回顾这一时刻时，仍然要露出微笑。

在幽默中增强爱的活力

假如在夫妻双方发生分歧的情况下，一方撇开严肃的态度，以幽默来暗示责备，那么即使是略带讽刺的幽默也能治愈人，也不会伤害人，相反还会促进爱的活力。

丈夫："你出去时，可别带那只怪模怪样的花狗去。"

妻子："我觉得那条花狗很可爱。"

丈夫："你一定要带它，是想以它作对比，显示出你的美貌吧？"

妻子："你真糊涂，如果想那样，我还不如带你出去更好！"

在家庭中，不仅需要有温柔的感触和不断激荡的热情，也需要有充沛的情感智力。这种情感智力可以表现你的灵巧、有趣、富有朝气，它能使生活平稳地发展。

某病理学专家在报纸上发表了一篇题为《论吸烟的危害》的论文。

妻子问："报社给的稿酬你干什么用了？"

专家回答："今天上午买了一条'万宝路'请客了。"

这对话是一个良好的开端，之后的整个晚上，他们的家里始终充满欢笑。

通常这种润滑生活轮子的幽默暗含着善意的讥讽，但它产生出来的却是情感的火花，使这"轮子"走上更通畅的道路。

家庭生活中极需要这种幽默，应该相信这一点，无论什么情况下，一对善于以幽默来润滑生活轮子的夫妇，他们获得的幸福比任何家庭都多。

家庭由于爱而产生，靠爱来维护，而爱需要不断地注入活力。许许多多的人有过从爱情到"城堡"的感受，当初的爱似乎枯萎了。妻子埋怨丈夫好吃懒做，不理家务，感情迟钝。或者丈夫认为妻子缺乏激情，枯燥乏味，如此等等。殊不知爱情也好，家庭也好，都依赖一种双向的合力运动，成亦在此，败亦在此。

第9章
幽默让你在谈判中如鱼得水

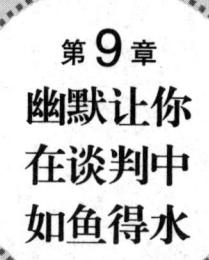

世界是一张巨大的谈判桌。在生活中，谈判无处不在，幽默如影随形。谈判存在于生活的方方面面。很多时候，我们自觉或不自觉地就成了某个谈判的参与者。在谈判中插入幽默，可以缓和紧张形势，制造友好气氛，缩短双方距离，钝化对立感，使谈判更融洽。幽默能使你在谈判中如鱼得水、左右逢源，在"山重水复疑无路"时看到"柳暗花明又一村"。

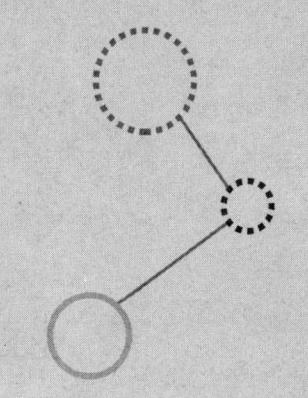

幽默能够营造良好的谈判氛围

谈判是一件十分严肃的事，双方站在各自的立场，为争取各自的利益努力。但如果你固执地认为，谈判就不可能轻松愉快地进行，那你就走进了一个谈判的误区。如果你总是一副严肃的面孔，以极其认真的态度上来就"言归正传"，没有一点活泼的气氛，谈判场所死气沉沉、闷不可言，总给人一种压抑的感觉。就会造成暂停、休会的次数很多，于是就会出现谈判成果少有建设性，达成协议的日期一推再推的情况。所以你应该主动去营造良好的谈判气氛。某个警匪电影中有这样一段谈判专家与匪徒的对话：

匪徒："你怎么来得这么慢，你们是不是想拖延时间？！"

谈判专家嬉笑着说："不好意思，堵车嘛！"

轻松愉快的气氛能缓解谈判中的紧张情绪，激发人们的想象力，增进人们的感情。在良好的氛围下，人们更容易被理解、被尊重，也更容易获得支持和关注。反之，沉闷抑郁的环境，很容易滋生猜忌和隔阂。在谈判中，不能营造良好的谈判气氛，就好像机器缺少"润滑剂"一样，给人很别扭的感觉，也就谈不上有效地减少双方心理障碍，只会给双方沟通增加困难，甚至可能使谈判进展缓慢。我们来看看英国首相丘吉尔是如何营造良好的谈判气氛的：

1943年，英国首相丘吉尔和自由法国领袖戴高乐由于对叙利亚问题的意见存在分歧，两人心存芥蒂。直接原因是戴高乐宣布逮捕布瓦松总督，而此人正是丘吉尔颇为看重的人物。要解决这一件令双方都感棘手的事，只有依靠卓有实效的会晤了。

丘吉尔的法语讲得不是很好，但是，戴高乐的英语却讲得相当漂亮。这一点，是当时戴高乐的随员们以及丘吉尔的大使达夫·库柏早就知道的。

这一天，丘吉尔是这样开场的。他先用法语说道："女士们先去逛市场，戴高乐和其他的先生跟我去花园聊天。"然后他用足以让人听清的英语对达夫·库柏说了几句话："我用法语对付得不错吧，是不是？既然戴高乐将军英语说得那么好，他完全可以理解我的法语的。"语音未落，戴高乐及众人听后哄堂大笑。

丘吉尔的这番幽默消除了谈判双方参与人员的紧张情绪，营造了良好的会谈气氛，使谈判在和谐信任中进行下去。在谈判开始后，礼貌问候对方，轻松地引入谈判的话题，讲究策略，有利有节，求同存异，必要时运用一些幽默诙谐的语言，调节一下紧张沉闷的空气，放松一下绷得太紧的心弦，营造轻松愉快的气氛。丘吉尔与罗斯福的一次传奇性会谈也让人忍俊不禁。

二战期间，武器紧张，丘吉尔来到华盛顿会晤罗斯福，请求军需物资方面的接济。会谈在第二天进行。次日凌晨，丘吉尔正躺在浴盆里，抽着大号雪茄，作沉思状。没想到罗斯福突然推门进来。丘吉尔赤身裸体，大腹便便，大肚子还露出了水面。两人相视不禁一愣。丘吉尔却微微一笑，说："总统先生，大英帝国的首相在你面前可真是没有半点隐瞒哩！"说罢。两人都不约而同地笑了起来。

这轻松的瞬间，让人忘却了战争，忘却了艰难，开始真诚地合作。所以，这次谈判非常成功。谈判双方是一对矛盾的统一体,为达成协议,双方不可能摒弃竞争,也不可能拒绝合作,那么合作,就应该有一个良好的合作气氛,这是从谈判一开始就应该考虑并注意的。首先,在谈判开始以前,主动热情地去接触对方,发掘双方的共同点,为谈判打下良好的基础。

在谈判中利用幽默技巧占据主动地位

谈判要争取掌握主动权,要做到制人而不制于人。在谈判中,主动权总是操在实力最强的一方手里,对于稳操胜券的主动方来说,"一步主动则步步主动"。所以我们认为,不仅同其他人合作要占主动,竞争中要占主动,就是在谈判中同样要占主动。

在谈判中占据主动的方法很多,利用幽默的技巧对对方进行步步引导,可兵不血刃地在谈判中占据主动地位。下面就是一则在日常生活的谈判:

父亲下了班回到家。他的正读大学的儿子以幽默的口吻问:"爸爸,你可知道人类学家说过,人本来不该是直立行走的?"父亲回答:"这又怎么样?"他说:"所以把汽车钥匙借给我吧!"

儿子先发制人,主动向父亲发问,一步步把父亲诱进自己设的语言陷阱,再提出自己"借车"的要求,使父亲没有理由拒绝,从而取得这次向父亲"借车"的谈判的成功。

要想最快地达到谈判的目的,就需要做多方面的准备,比较好的方法是根据实际情况,提出多样选择方案,从中确定一个最佳方案,作为达成协议的标准。有了多种应付方案，就会使你有很多的回顾余地。

　　小男孩："妈妈，我要养一只小狗。"

　　妈妈："狗多脏啊，宝宝听话，咱们不养狗。妈妈明天给你买只漂亮的玩具狗。"

　　小男孩："妈妈，我不要玩具狗，没有小狗，我要一个小弟弟陪我玩也行啊。"

　　结果，第二天，妈妈就给小男孩买来了一只小狗。

　　小男孩主动提出要求，给了妈妈两个选择，要一只小狗或者一个小弟弟。妈妈自然会同意买只狗给他了。

　　而且，你可以提出两种或多种选择，这些选择都可以是对方不愿意接受的。但是，比较起来，其中总会有一种令对方最乐意接受的。这时候，你改变谈判结果的可能性就更大了。因为你充分了解和掌握了谈判的主动权，也就掌握了维护自己利益的方法，就会迫使对方在你所希望的基础上谈判。即使对方不同意其中的任何一种提议，他也会在你提议的基础上提出新的解决办法。著名意大利女记者奥里亚娜·法拉奇在她成功地采访了一系列世界风云人物的过程中，留下了许多动人的记录和插曲。下面是她与著名政治家亨利·基辛格的一段对话：

　　法：基辛格博士，如果我把手枪对准您的太阳穴，命令您在阮文绍和黎德寿之间选择一人共进晚餐，那您选择谁？

　　基：我不能回答这个问题。

　　法：如果我替您回答，我想将会更乐意与黎德寿共进晚餐，是吗？

基：不能……我不愿意回答这个问题。

法拉奇可谓咄咄逼人，这种"逼"不在于死死纠缠，而在幽默地"进犯"。问题全是严肃之极的，但方式却是玩笑似的。通过幽默的主动出击，提出让对方两难的选择，法拉奇最终使对方缴械。

化解对方疑虑的幽默技巧

谈判中，当对方突然提出担心时，你应该给他一颗定心丸吃，用幽默的方式化解对方疑虑。谈判中，面对面之外的外围战相当重要。先外围后内里，先幕后再公开，在谈判桌外找到双方的共同点，可以为场内谈判造就良好的气氛。谈判中的外围战，是联络感情、沟通信息、影响对手的手段，是对正式谈判的一种补充。

要化解对方疑虑，首先要了解对方的困难，以及造成对方疑虑的主要原因，再做一个清楚的分析和整理。然后才能针对对方的疑虑点用轻松幽默的语言进行充分的交流。这样双方的关系发展可能会相对较为稳定，歧见也较容易来化解。我们来看看下面这个故事中的船长是怎样做的。

有一条船在航行中，突然狂风吹来，海浪滔天，船马上就要翻了。船长急忙命大副去通知乘客弃船逃命，结果大副去了半天，悻悻而回，说道："他们都不愿跳下去，对不起，我实在没有办法了。"

船长无奈，只好亲自到甲板上去，不一会儿，便微笑着回来了，他说："都跳下去了，我们也走吧！"

大副很惊异地看着他，问道："你是怎么劝说他们的呢？"

船长说："我首先对那个英国人说'作为绅士，应该做出表率'，于是他跳下去了；接着，我又板着脸对那个德国人说'这是命令'，于是他也跳下去了；我又对那个法国人说'那种样子是很浪漫而且潇洒的'，他也跳下去了。"大副一听，简直佩服得五体投地："太妙了，长官，那么你是怎么对美国人说的呢？"船长说："我说，您是被保了险的，先生。"那家伙赶紧夹着皮包跳下水去了！

上面故事中，船长针对不同的人，总结归纳出了他们各自的民族特点，并针对这些特点，采用了不同的说法。在我们看来，这些说法都很幽默，可是在听者耳中，它代表了另一种属于民族和职责的内涵。其实，在无奈的情况下，大家必须做出跳海的选择。每个人都明白船长所要表达的意思，对于大副没有完成的任务，船长很轻松地就解决了。

这告诉了我们一个道理：当我们想在谈判桌上说服他人时，除了要使自己的语言信号准确无误地传达给对方，分析对方的性格，因人而异采用有针对性的语言进行说服外，最重要的还是先造成良好的形势，使对方在没有其他选择的情况下不得不接受我们的提议，这样幽默的说服才会收到预期的效果。否则，就很可能因基本条件不充分而导致谈判失败。大智若愚，巧避锋芒。

谈判中也可以通过运用"装傻"的幽默技巧巧避对方锋芒。在谈判过程中，可以装作没有听到或没有听清楚对方的话，或者装作没弄懂对方的意思，以便巧避锋芒，避免尴尬。它的特点是：谈判的锋芒主要不在于传递何种信息，而是通过装傻来打击、转移对方的谈判兴致使之无法继续设置窘迫局面，从而化干戈为玉帛，并能够寓反击于无形，不战而屈人之兵。在谈判中，这种方式往往被一些谈判高手使用。例如：

1959年，美国副总统尼克松访问苏联。在此之前，美国国会通过了一项关于被奴役国家的决议。赫鲁晓夫在与尼克松的会谈中激烈地抨击了这个决议，并且怒容满面地嚷道："这项决议很臭，臭得像马刚拉的屎，没有什么东西比这玩意更臭的了！"

尼克松曾认真地看过赫鲁晓夫的背景材料，得知他年青时曾当过猪倌，于是他盯着赫鲁晓夫说："恐怕主席说错了。还有一样东西比马屎更臭，那就是猪粪。"

在比较正式的谈判场合，作为国家元首，赫鲁晓夫肆无忌惮，出言不逊，有失体面，他明显是想为尼克松设置窘迫局面。好在尼克松幽默诙谐，暗藏机锋，装作没弄懂对方的意思，实际上却进行了巧妙的还击，打击了对方的气焰，化被动为主动。同时，也避免了谈判成为市井中的吵架撒泼。

尽管假装糊涂法有很多的妙处，但有时也很难在复杂的场合取胜，这就要求在这些场合对自己的"糊涂"来一个聪明的注脚。看下面的这则小幽默：

保罗正在路上走着，忽然窜出一强盗，用手枪对着他说："要钱还是要命？"

"你最好还是要命吧！"保罗说道，"因为我比你更需要钱！"

这里，保罗的上半句回答显得很糊涂，遇上歹徒，恐怕谁也会保命的，其后一句才点出真意。

装傻实际上是大智若愚。谈判中，装傻可以使人自找台阶，化解尴尬局面；可以故作不知达成幽默，反唇相讥；可以假痴不癫迷惑对手。你必须有好演技，才能傻得可爱，"疯"得恰到好处。我们可以通过发挥大智若愚的幽默力量取得谈判的成功。

以退为进的幽默策略的巧妙运用

在谈判中,幽默可以被运用到"先发制人、得寸进尺"的策略中,但是,即使加入了幽默的手法,这种先发制人的策略还是很容易招致对方的抵触情绪,影响双方良好人际关系的建立和维护,使谈判陷于僵局。因此,有经验的谈判者还往往采取以退为进的幽默策略。

在谈判中如果发生意见分歧,一时难以得到统一时,不要急于要求达成协议,要善于忍耐。忍耐,也是一种以退为进的策略。谈判者可以在忍耐中获取轻松,在轻松中产生幽默。美国前总统卡特就是一位具有忍耐力和幽默感的人物。

一次,他为了促成以色列和埃及的和谈,把双方领导人贝京和萨达特请到了戴维营。戴维营的生活十分单调,令以色列总理贝京和埃及总统萨达特都感到十分厌烦,但又不得不应付每天长达10小时的谈判。每天早晨,萨达特和贝京都会先后听到敲门声。

卡特总是这样幽默地说:"嗨!我是吉米·卡特,请你们准备开始烦闷的、长达10小时的会晤吧!"

到了第13天,双方终于签署了和平协定。

卡特能促成以色列和埃及的和谈,这中间原因很多,但卡特总统的忍耐和幽默是一个重要的因素。

我们知道,以退为进不是消极地退让,其目的仍然是最终实现自己的目标。运用以退为进的谈判策略,再辅以幽默智慧的行动和语言,往往比一味采取进攻策略更有效。

巧妙运用幽默破解谈判僵局

用转移话题的幽默谈判技巧也能打破僵局。这种转移话题打破僵局的方法，常常使谈判绕了一个圈子，多走了一些弯路之后又成功地到达了终点，达成双方都能接受的协议。话题转移得幽默巧妙，不仅能调节气氛，还能为谈判扫除障碍，铺平道路。

1988年7月22日，日本前首相中曾根康弘同苏联共产党总书记戈尔巴乔夫在克里姆林宫举行会谈。整个会谈高潮跌宕，扣人心弦。

戈尔巴乔夫有一次竟用拳头将桌子敲得砰砰作响。他气愤地声称："据说，在日本居然有人说什么'今后只要日本持续不断地增强经济力量，苏联便将乖乖地屈服于日本的经济合作'。殊不知，这是大错特错的，苏联决不屈服。"中曾根康弘也不示弱，他以强硬的口吻反驳道："尽管如此，两国加深交往也是重要的。阻挠两国关系发展的，正是北方领土问题。铸成这个问题的原因在于斯大林错误地向属于北海道的岛屿派遣了军队。"

中曾根康弘接着语气和缓地说："我毕业于东大法律系，你走出的是莫斯科大学法律系的门槛。我们俩同属法律系毕业生，理应了解国际法、条约和联合声明是何物。国际上都承认日本的主张是正确的。"这时戈尔巴乔夫总书记脸上荡起一层愉快的笑容，微笑着答道："我当法律家亏了，所以变成了政治家。"此语一出，巧妙地避开了中曾根康弘话题的锋芒。

本来双方针锋相对，很容易使谈判陷入僵局，但戈尔巴乔夫的一句幽默话，使双方的紧张气氛得到了缓解，谈判得以继续进行。幽默能减少人们之间的紧张对立。因为双方代表各自的利益，恐怕很难轻易地让步，谈判期间必有一番唇枪舌剑的苦斗，有时甚至到了剑拔弩张的地步。这时，如果某一方代表说句幽默的话，或讲个小笑话，大家一笑，紧张的气氛就可能化解，双方可以继续谈下去。

其实，话题的转移有相当的难度存在，须有对语言驾轻就熟的技巧。话题转移得不好，有时虽然能暂时缓和一下紧张的气氛，但对于大局并没有什么益处。

转移的话题必须视具体情况和对象因地制宜，就近转移，不能不着边际。随心所欲，风马牛不相及。

转移的话题主旨也不能变，虽然不涉及正题，但必须与正题有关，不管绕多少圈子，正题始终不能放，做到"形散神不散"。

返还式幽默技巧在谈判的运用

俗话说：锣鼓听音，说话听声。谈判中也应如此。悉心聆听对方吐露的每个字，注意他的措辞、选择的表述方式、语气，乃至声调，这是对方无意间透露消息的一个重要途径。在认真倾听过后，我们已经可以掌握一些有关对方的情况。这时候就可以用幽默的语言来回击对方了。

这种谈判术有时候会以其人之道还治其人之身，这其实就是把返还式幽默的技巧用在谈判中。返还幽默术很是巧妙，它使用的思维套路是对方的，而后由此及彼，物归原主，它的目的是让对方搬起石头砸自己的脚。一位顾客因为饭馆的菜做得不好吃而与饭馆老板展开了谈判：

餐馆里一个顾客叫住老板："老板，这盘牛肉简直没法吃！"

老板："这关我什么事？你应该到公牛那里去抱怨。"

顾客："是呀，所以我才叫住了你。"

顾客按照老板的荒谬逻辑，推论出老板应是"公牛"，搞得对方哭笑不得，自食其果。这种方法在谈判中用处极大，它抓住对方的话柄，顺着说下去，让其向着有利于自己的方向发展，从而产生强烈的幽默效果。

这种谈判方法的特色是不作正面抗衡，而是在迂回的交谈中，顺着对方的话说下去，借力胜敌，从而达到自己的目的和产生幽默感。当自己在谈判中处于不利的地位时，也可用这种"善倾听，巧反驳"的谈判方法使自己摆脱困境。

隋朝时，有个人很聪明，但说话结巴。官高气盛的杨素，常常在闲暇无聊的时候，把那人叫来说说笑笑。

年底的一天，两人面对面地坐着，杨素开玩笑地说道：

"有个大坑，深一丈，方圆也是一丈，让你跳进去，你有什么办法出来吗？"

这个人低着头，想了想，问道："有有有有梯子吗？"

杨素说道："当然没有梯子，若有梯子，还用问你吗？"

那人又低着头想了想，问道："是白白白白天，还是黑黑黑夜？"

杨素说道："不要管是白天还是黑夜，你能够出来吗？"

那人说道："若不是黑夜，眼眼眼又不瞎，为什么掉掉掉到里面？"

杨素不禁大笑。又问道："忽然命你当将军，有一座小城，兵不满一千，只有几天的口粮，城外有几万人围困，若派你到城中，不知你有什么退兵之策？"

那人低着头想了想，问道："有救救救救兵吗？"

杨素说道："就因为没有救兵，才问你。"

那人又沉吟了一会，抬头对杨素说："我审审审慎地分析了形势，如如如如您说的，不免要要吃败败败仗。"

杨素大笑了一阵，又问道：

"你是很有才能的人，没有事情不懂得。今天我家里有人被蛇咬了脚，你能医治吗？"

这个人应声答道："用五月端午南墙下的雪涂涂涂涂就好了。"

杨素道："五月哪里能有雪？"

那人说："五月既然没没没有雪，那么腊月哪里有有有有蛇咬？"

杨素笑着打发了他。

故事中的人尽管是个结巴，但回答问题却很能运用"善倾听，巧反驳"的幽默技法，他不但没有被杨素难倒，还在谈判中处处显出他的幽默和智慧。善于倾听是幽默反驳的前提，幽默反驳是倾听的结果，两者缺一不可，相辅相成，而两者的应用都是为了最终取得谈判的成功。

答非所问的幽默谈判技巧

"问"有艺术，"答"也有技巧。问得不当，不利于谈判；答得不好，同样也会使己方陷入被动。在谈判中，回答问题不是一件容易的事。因为，谈判者不但要根据对方的提问来回答，并且还要把问题尽可能地讲清楚。而且，谈判者对自己回答的每句话都负有责任，因为对方可能把回答理所当然地认为是一种承诺。这就给回答问题的人带来一定的压力。因此，一个谈判者水平的高低很大程度上取决于他回答问题的水平。

在谈判中，谈判者可以运用"答非所问"的幽默技巧巧妙扭转不利于己的局势。答非所问指答话者故意偏离逻辑规则，不直接回答对方提问。而是在形式上响应对方问话，通过有意的错位造成幽默效果。答非所问并不是逻辑上的混乱，而是用假装错误的形式，幽默地表达潜在的意思。

有个爱缠人的先生盯着小仲马问："您最近在做些什么？"

小仲马平静地答道："难道您没看见？我正在蓄络腮胡子。"

那位先生问的是小仲马近来做了哪些重要的事情。小仲马自然是懂得对方问话意思的，但他偏偏答非所问，用幽默暗示那位先生：不要再纠缠了。小仲马故意把蓄胡子当作极重要的事情，显然与问话目的不相符合。他表面上好像是在回答那先生，其实并没给他什么有用信息。在谈判中利用这种幽默技巧也能起到让对方摸不清己方虚实的作用，从而赢得谈判的主动权。

答非所问很讲究技巧，抓住表面上某种形式上的关联，不留痕迹地闪避实质层面，有意识地中断对话的连续性，求得出其不意的表达，幽默旨在另起新灶，跳出被动局面的困扰。

在一次联合国会议休息时，一位发达国家外交官问一位非洲国家大使："贵国的死亡率一定不低吧？"非洲大使答道："跟贵国一样，每人死一次。"

外交官的问话是对整个国家而言，是通过对非洲落后面貌的讽刺来进行挑衅。大使没有理会外交官问话的要害点，而故意将死亡率针对每个人，颇具匠心的回答，营造着别样的幽默效果。有效地回敬了外交官的傲慢，维护了本国尊严。

谈判中，由于双方在表达与理解上的不一致，错误理解对方讲话意思的事情是经常发生的。当谈判对手对你的答复做了错误的理解，而这种理解又有利于你时，你不必去更正和解释，而应该幽默地将错就错，因势利导。总之，谈判中的应答技巧不在于问题回答得"对"或"错"，而在于应该说什么和如何说，怎么更好地处理突发情况。

声东击西的幽默谈判技巧

声东击西法，是指目标在西而先假意向东，出其不意地给对手一击。它实际上是一种含蓄迂回的幽默技巧。在谈判中，利用语言来回击或反驳对手的时候，这种幽默技巧的运用特别有力。

声东击西法包含很多内容：欲东而西，欲是而非；明说张三，实指李四；明里问罪，暗中摆功；敲山震虎，指桑骂槐，含沙射影等等。在各种谈判中，这种声东击西法的幽默技巧都可以巧妙地加以运用，以产生强烈的幽默效果，争取谈判的成功。

《史记·滑稽列传》记载，楚庄王有一匹爱马，给它穿上带有刺绣的衣服，放在装饰华丽的屋子里，喂它吃枣脯，最后马因肥胖过度而死。楚庄王让群臣为马发丧，要以大夫规格，用内棺外椁而葬。大夫提出异议，楚庄王下令道："有敢于对葬马之事再讲者，处以死罪。"优孟听说后，跑进大殿，一进殿门，便仰天大哭，楚庄王十分吃惊，忙问何故，优孟说："死掉的马是大王心爱之物，我们堂堂楚国，要什么东西没有？而今却要以大夫之礼葬之，太薄了，我请求大王以人君之礼葬之。"楚庄王听后，一时无言以对，只好打消以大夫之礼葬马的打算。本来楚庄王要厚葬宠物，而且不容大臣提出异议，可优孟的反话正说使之改变了初衷。

《五代史·伶官传》中记载的一事也十分有趣：后唐庄宗喜好畋猎，在中牟打猎，践踏许多民田。中牟县令为民请命，庄宗发怒，要杀他。伶人敬新磨得知后，率领众伶人去追赶县令，将之拥到马前，责备他说："你身为县令，怎么竟然不知道我天子喜爱打猎呢？为何让老百姓种庄稼来交纳税赋，而不让你治下百姓忍饥去荒废田地，让我天子驰骋畋猎？你罪该万死。"于是拥着县令前来请求庄宗杀之。庄宗听后无奈大笑，县令被赦。

以上两则故事中，优孟和敬新磨为了达到各自的劝谏目的，取得和君王谈判的成功，都运用了反话正说、声东击西的幽默技巧，就是使用与原来意思相反的语句来表达本意，表面赞同，实际反对。在谈判中，运用这种表达方式往往能收到直接表达所起不到的作用。

但是，在谈判中，要想运用声东击西的幽默技巧取得好的效果，就需要静心默思，反复品味。因为这种幽默技巧的特点是：你想表达的意见不是直接表达出来，而是以迂为直，被埋藏在所说出来的话后面，对方在听完话之后，必须有个回味思考的时间，才能体会出个中的奥秘，产生幽默风趣的情绪，这种声东击西的幽默技巧也才能对谈判的结果产生影响。

因此，一个真正有幽默感的谈判者，不但要自己善于说，而且还要善于领悟对手的幽默。善于领会对手的幽默，也是一种谈判智慧的表现。

旁敲侧击的幽默谈判技巧

在谈判中,运用旁敲侧击法就是利用幽默的语言来回击或反驳对手的一些观点。由于运用旁敲侧击法时,谜底被深深地埋藏在幽默的话语下面。所以,要在谈判中运用这种幽默技巧并取得幽默效果,就要在己方发言之后,留给对手一个短暂的回味时间,对手才能体会到幽默的话语和谜底之间微妙的联系。因此,在谈判中我们不但要自己善于运用这种幽默技巧,而且还要善于领悟对手的这种幽默。

在谈判中,当需要批评或提醒对手而又不便直接向对方提出时,便可考虑使用这种幽默风趣的旁敲侧击法。从侧面提出一些看似与谈判主题无关的话题,以此来达到启示、提醒、警告等目的。

1969年9月的一天,美国国务卿基辛格就越南战争问题与苏联驻美国大使多勃雷宁举行会谈。谈判正在进行时,尼克松总统给基辛格打来电话,接完电话之后,基辛格对多勃雷宁说:"总统刚才在电话里对我说,关于越南问题,列车刚刚开出车站,现在正在轨道上行驶。"老练的多勃雷宁试图缓和一下气氛,机智地接过话头说:"我希望是驾飞机而不是火车,因为飞机中途还能改变航向。"基辛格立即回答道:"总统是非常注意选择词汇的,我相信他说一不二,他说的是火车。"

在这次谈判中,基辛格巧用火车与飞机的比喻,幽默地对对手进行旁敲侧击,既鲜明、坚定地表明了自己的立场,而语气和态度又不是显得十分强硬,令对手容易接受。可见,在谈判中,语言幽默、形象,往往能有效地活跃谈判气氛，使谈判轻松、愉快，并逐步向有利的方向发展。下面再举一个现代生活中谈判的例子：

一位顾客坐在一家高级餐馆的桌旁，把餐巾系在脖子上。大堂经理很尴尬，叫来服务员说："你让这个'绅士'懂得，在我们的餐馆里，那样做是不允许的，但话要说得尽量委婉些。"

服务员来到那人的桌旁，很有礼貌地问：

"先生，你是刮胡子，还是理发？"

话音一落，那位顾客立即意识到自己的失礼，赶快取下了餐巾。

服务员没有直接指出客人的失礼之处，却幽默地问两件与餐馆服务项目毫不相干的事（刮胡子和理发），表面上看来，似乎服务员问错了，而实际上他是通过这种风马牛不相及的幽默来提醒这位顾客。既使顾客意识到自己失礼之处，又做到了礼貌待客，不伤害客人的面子。服务员用的正是旁敲侧击的幽默技巧。

当然，服务员不能把顾客当作对手看待，不过，服务员确实是与顾客进行了一次普通意义上的谈判，试想，如果服务员直接指出顾客的不对，顾客必定会很尴尬，可能就头也不回地走了，餐馆也就失去了一位顾客。

在谈判中运用旁敲侧击时，还要注意在说话之前先动动脑子，从正面、反面、侧面多角度地想一想，寻找出可以使对手得到启示的多种不同的表达方式，选择其中一种最好的，从而达到预期的目的。

以静制动的幽默辩论技巧

古罗马雄辩家西塞罗对幽默辩论有独到的研究。他说,把对手否定的结论拿来加以肯定,回敬对方,这便是以守为攻的技巧,这种辩论技巧能够产生一定的幽默效果,也带有一些诡辩色彩。我们从西塞罗的《演说家》中找到了下面这样一个故事。

一位众所周知出身于卑劣家庭的人向勒利尤斯喊道:"你背叛了自己的祖先!"勒利尤斯反唇相讥道:"你呢,你丝毫没有背叛自己的祖先!"这句话引起哄堂大笑。勒利尤斯一句话便赢得了大众的支持。

勒利尤斯以守为攻,以静制动,以不变应万变,出其不意地运用言语幽默回击了对方。所谓"以静制动的幽默"就是在对话或者辩论中,对话的一方滔滔不绝,妙语连珠,似乎已经把对方难倒或者弄到十分窘迫的境地,还不断地变换诘难对方的方式,自以为得计,正在等待对方的"坐以待毙",却万万想不到,看似处于窘境的这一方,却把原来的话题捡起来,三言两语,抓住要害给对方以回击,置对方以猝不及防、哑然失色的地步。

小玉是一位小有名气的文艺批评家,他是一个很自负的人。在他的眼里,当代几乎没有一篇好作品,他总是爱把见到的文学作品言语犀利地批评得一塌糊涂,借以炫耀自己的学识和口才。有一天,他在一条仅能通过一个人的小道上遇到了一位作家。

"我从来不给那种只会拼凑一些极其无聊的文字来表达极端苍白、贫乏的思想的蠢货让路。"小玉骄横地站在路中间说。

"我正好相反。"作家微笑着说道,并闪在路一旁。

虽然对运用幽默术的要求都必须冷静、灵活,但在以静制动幽默术中这一点更显得异常重要。所谓"静"即指此而言,以静中寻隙,以静制动,只有"静"才能将"动"制伏。

弦外有音的幽默辩论技巧

"弦外有音"往往是"醉翁之意不在酒",借题发挥的幽默也是言在此而意在彼,看似在嘲笑自己,其实正在反击别人,是一种颇具弦外之音的说话艺术。

许多情况下,不论是面对谈判的对手还是平常的交谈,许多话往往是不能够用直接的方式去说的,这就须以曲线的婉转方式去说。借题发挥的幽默就是这种婉转表达自己意图的一种艺术。首先,机辩不等于或者不完全等同于善辩,所以,"机辩善辩的幽默"最少包含有两个层次的意思。机辩,直面的意思就是充满机智的辩解,或者辩解是充满机智的。善辩,就是以一个说话者来说,他有善于辩论的专长。机辩与善辩的关系是这样的:机辩的不一定是善辩,善辩的一定能够包含机辩。因为,有时一个人能够"机辩"往往证明他有敏捷的思维,但不一定能够像"善辩"者那样做得面面俱到。

克诺克先生来到一个陌生的城市,走进一家小旅馆,他想在那里过夜。

"一个单间带供应早餐,一天需要多少钱?"他问旅馆老板。

"各种不同的房间有不同的价格：二楼的房间是十五个马克一天；三楼的是十二马克；四楼十个马克；五楼的房间则只要七个马克，先生。"旅馆老板详细给他介绍。

克诺克先生考虑了几分钟，然后拿起箱子要走。

"您是觉得我这儿价钱太高了吗，先生？"老板问道。

"不，那倒不是。"克诺克先生回答道，"我只是嫌您的旅馆太低而已。"

既能够统一机辩与善辩，又把这种统一与幽默交互渗透贯通起来，用幽默的语言展开自己的机善之"辩"，这种口才艺术，在我们这里就给它命名为"机辩善辩"的幽默。

话中有幽默，生活才更有味道。王蒙说："幽默是一种酸、甜、苦、咸、辣混合的味道。它的味道似乎没有痛苦和狂欢强烈，但应该比痛苦和狂欢还耐嚼。"

回家路上，杰瑞忽然看见两个年轻的神父同骑一辆自行车在一条小路上飞驰，便将他们拦住。杰瑞说："你们不觉得这样的速度是很危险的吗？"神父们说："没关系，天主和我们同在。"杰瑞说："很好，这么说我应该罚你们80美元，因为三个人是不能同骑一辆自行车的。"

自嘲也是辩论的一种。当这种幽默成为一种自嘲的时候，就增添了当下谈话的调侃气氛。

有一个长相很黑的人讲有一次他在井台边洗脸，一只乌鸦飞来把他的香皂叼走了，他悟道："原来乌鸦也要用香皂洗自己。啊，它也和我一样黑，一样得用香皂洗脸。"

这种自嘲还可放到另一种场合。在这种场合下，说话者面对的人，总是阴沉着脸让别人去扛，当说话者讲这个笑话的时候，就有意无意间对"黑脸"的人有所敲打，使对方意识到自己不该总黑着脸。

在历史上和现实生活中，我们看到或听到过许多这种"机辩"与"善辩"的幽默。当年诸葛亮只身过江东，游说孙权抗曹，舌战群儒，这已成为家喻户晓的历史趣闻了。在我们的日常生活中，在许多日常的场合下，也不难发现这样的"机善之辩"的幽默。比如，在酒席上，有的人就特别善于辞令，特别善于借助自己机辩的辞令，劝人喝酒。比如：一些会议上，面对某项一筹莫展的计划，有的人就能够巧妙地拉拢支持的掌声。这样的事情有很多很多，随时随地都能碰上。正如前人所说的那样：不是生活中没有美，是缺乏发现美的眼睛。

幽默让雄辩充满力度

风趣幽默在论辩中不仅不会弱化谈锋，而且能增强语言的钻劲，使它更准确、明了，具有一定深度，给听众"四两拨千斤"的感觉。

通常认为，口头辩论具有"三要素"：语言的简洁性、时间的紧促性、反应的灵敏性，而它们都与幽默分不开。

在美国洛杉矶举行的一次中美作家会议上，美国诗人艾伦·金斯伯格给我国著名小说家蒋子龙出了一个难题："把一只二点五公斤重的鸡，装进一个只能装半公斤的瓶子里，您用什么法子把它取出来？"蒋子龙当即回答说："您怎么放进去，我就怎么拿出来。显然。您凭嘴一说就把鸡装进了瓶，那么我只能用语言工具再把鸡拿出来。"

幽默不仅能调节论辩的气氛，减少紧张与压力，增强你出语的精约与机敏，而且能径直揭示问题的实质，置对手于被动的地位。

诡辩中的幽默

"诡辩法"，就是故意用似是而非的歪理来为明显错误的事情或论点狡辩，目的是混淆是非或炫耀机智取乐。

父亲：你竟敢背着我抽烟，我非打死你不可！
儿子：爸爸，你别生气，我向您保证，以后抽烟一定当着你的面。

这类幽默中，儿子用的则是混淆概念的诡辩方法。父亲反对的是儿子抽烟，儿子故意将父亲批评时谈到的抽烟场合、方式搅在一起，造成一种假象，似乎父亲反对的不是抽烟本身，而是抽烟的场合和方式，这也可算得上是新奇的诡辩了。

"诡辩法"在操作实践中的手段并不全是单一打法，而是十八般兵器长短结合、综合使用，有的情况下是想靠歪理取胜，有些时候则不过是想展示强词夺理、胡搅蛮缠的丑态而取乐。

柏杨先生的《丑陋的中国人》一书的"代序"中有一段医生和病人的对话：

病人：我下个月就要结婚了，大摆筵席，你可要大驾光临，做我的上宾。我的病化验结果如何？

医生：对不起，我恐怕要报告你一个坏消息，化验的结果装在这里，恐怕是三期肺病，第一个是咳嗽……

病人：怪了，你说我咳嗽，你刚才还不是咳嗽，为什么不是肺病？

医生：我的肺病与你的不一样。

病人：有什么不一样？你有钱、有学问，上过大学堂，喝过密西西比河的水，血统高人一等，是不是？

医生：不能这样说，还有半夜发烧……

病人：不能这样说，要怎么说才会称你的心、如你的意，半夜发烧，我家那个电扇，用到半夜能把手烫出泡，难道它也得了三期？

医生（委屈解释）：吐血也是症状之一。

病人：我家隔壁有个牙医，去看牙的人都被他搞得吐血，难道他们也都得了三期肺病！

医生：那当然不是，而是综合起来……

病人：好吧！退一万步说，即使是肺病又是三期肺病，又有什么关系？值得你大呼小叫！外国人还不照样得肺病！为什么单指着鼻子说我？我下个月结婚，谁不知道，难道你不能说些鼓励的话，为什么要打击我？我跟你有什么怨？有什么仇？你要拆散我们？

此节选的对话，具有极强的幽默效果，诡辩者的蛮不讲理又振振有辞的劲头，令人啼笑皆非。但诡辩幽默的效果还不止于此，这种典型的诡辩表演，寓意又是极能发人深思的。

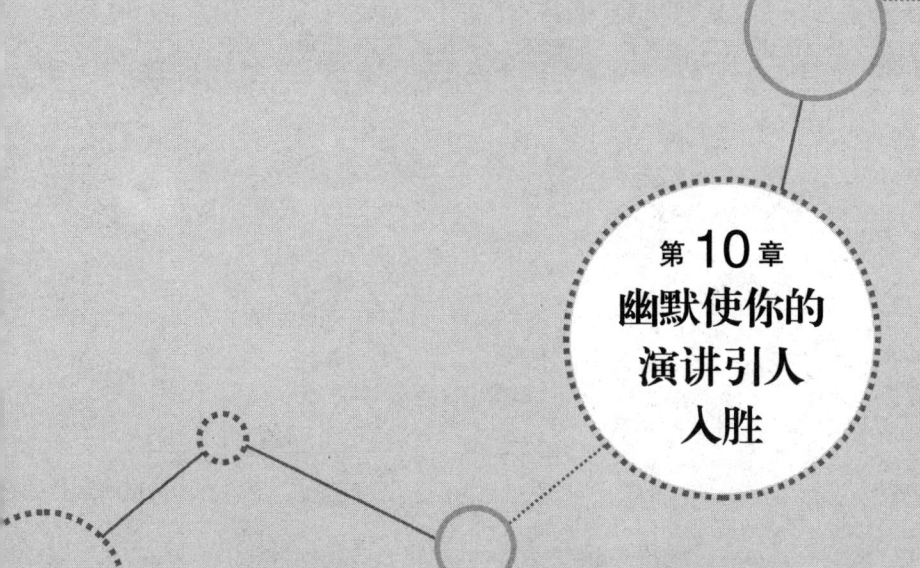

第10章 幽默使你的演讲引人入胜

幽默使你的演讲深刻有力,也使你本人令人难忘。幽默能够让你的演讲升华,使之更精彩。它能够让你的演讲开始引人入胜,中间赢得满堂喝彩,结尾回味无穷。掌握幽默艺术,能够让你的演讲充满感动人心的无限魅力。

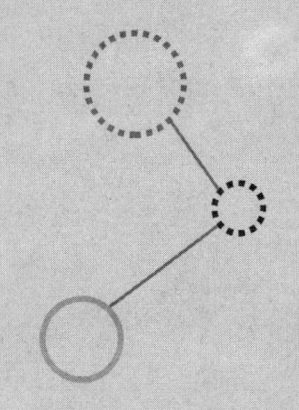

用幽默的开场白抓住人心

有个叫贝尔的作家,对政治家们颇有成见,但他受托在一次餐会上介绍一位官员演讲。

贝尔说:"我应邀来介绍这样一个人,因正直而受人尊敬,因人道而受人爱戴,因勇敢而受人钦佩。"他停了片刻,接着说,"这样一个领袖,一个有远见的人,卓越的协调者,伟大的政客,可惜他可能没有来!"

人们全都愣住了,目光一下集中到这位官员身上。

他居然面不改色地站起来,微笑着走向讲台。他说:"诸位,贝尔把我介绍得够详细的了,我没什么可补充的。需要更正的是,我来了,因为他说我勇敢,我就来打肿脸充胖子吧。"

这位老练的官员走到指定的位置上,继续说:"贝尔把我塞进了蜜蜂桶里,我希望我的舌头能不辜负他赏给我的蜜。"

听众大笑起来,对他的风趣和勇气倍加赞赏。

这种人是凭借咄咄逼人的幽默感走上讲台的。他抓住了介绍者的抵触言论,并以幽默的力量化弊为利。

也有人是以开自己玩笑的方式走上讲台的。

在芝加哥,有这样两位演说家,他们的开场白是这样的。第一位报出了自己的名字,然后说:"不知道在场的有没有我小时候的伙伴?他们知道我还有一个不光彩的绰号,但愿他们都没在场!"

第二位的开场白更引人注目。这是个身材高大的人，五官也大得出奇。他说："女士们，先生们，你们已看到我是个什么样的人了。我的耳朵很大，跟贝多芬的一样大。小时候我想，凭这一点也能成为贝多芬那样的伟大人物。可是长大以后，我就为这对耳朵感到害臊了。不过，现在我对它们已经习惯了。说到底，它对我站在这儿演讲并没有什么妨碍！"

本来，在第一位演说完后，听众已经有点困乏了，但是第二位演说者的开场白又使他们的神经活跃起来。笑声驱逐了困乏。

还有一位大学生这样自我介绍："朋友们，我把自己出卖一下。我叫德克，不过我并不是德克萨斯州人。"

这些风趣的开场白，无疑要比单调刻板的自我介绍强多了。

一般来说，开场白有两种：

一种是速成法，在一瞬间抓住听众的注意力。另一种是浅入法，花几分钟时间让听众逐渐接受你的影响力。

不论那一种方式，幽默和幽默感都能帮助你顺利地进入讲题。

休斯顿的一位演说家说："据我了解，幽默的目的在于让听众喜欢上讲演的人。如果他们喜欢讲演的人，那么也必定喜欢他所讲的内容。"

这就是说，运用幽默的力量去驾驭开场白，可以使你与听众建立成功的双边关系。

灵活运用即兴妙语增加演讲的幽默感

"即兴",是指不假思索或随兴而起的说话和举动。

但事实上,我们听到的许多即兴之言,都是经过计划和准备的结果。正如幽默一样,它也并非是表面上看来那样全凭一时偶发的灵感。

英国首相狄斯雷利有一次演讲得十分成功,有个年轻人向他祝贺说:"您刚才那席即兴演说真是太棒啦!"

狄斯雷利回答道:"年轻人,这篇即兴演说稿我准备了20年。"

20年未免夸张,但也说明了一个问题。

你要发表一个成功的演说,要想和听众打成一片,就要花时间去收集一些笑语、故事、趣闻或妙语。这些幽默的小东西会使你进入他们的思想和兴趣之中。

收集的过程也是创造的过程。持之以恒,并养成这种有趣味的习惯,那么在谈吐中,切题的思想、妙语就会自然而然地从大脑中跃出来。这时你就能够表现自发的机智,在任何场合都能赢得他人的尊重了。

任何伟大的即兴演说家,都是通过这种努力获得成功的。他们一旦上了台,就会妙语连珠,使听众如痴如醉。

英国南部,有一位声名遐迩的演说家。他最使人折服的是能在相当困难的情况下发表即兴演说。有一次,他在竞选州长活动中发表演说,有一位听众故意发问责难他,最后大叫起来:"啊,你这个混蛋!"

这位演说家回答说:"这位先生,你小心一点!你正在骂我最喜爱的人。"

这样的即兴妙言是幽默感丰富的标志。

在诺特丹大学，女讲师玛丽也即兴应付了一个相类似的困难。她班上有一个十分难对付的学生，有一次，在她讲课的时候，这个学生公然喊道："哈，你怎么啦？你的结婚戒指戴错了指头！"

"哦，"她回答说，"因为我嫁错人了。"

我们再来看看宾州的乔治·贝利是怎么干的。

贝利是记忆专家，他有他一套独特的方法来与听众打成一片。他经常在会议或演说开始之前，向来宾们一一问候致意，请教他们的尊姓大名。随后，在会议或演说结束后，他再叫出每个人的名字。如果他记错了，就付5元美金给那个他忘了名字的来宾。

但他通常不会发生错误。人们对他的记忆力又困惑又佩服。不过，有一次他终于遇到了麻烦。坐在会议厅前排的一个家伙，不等他解释完培养记忆力的问题，就站起来大声说：

"贝利先生，你怎么会记住那么多的名字?!"

贝利说："先生，我可以用3个字来回答你的问题——用、大、脑！"

那个听众连个噎也没有打，立刻回了一句："那是我的想法，而你用的是什么呢？"

贝利差点被问倒了。如果他真的再也没法应付，像一只木鸡呆站在台上，那么，他这个记忆专家就要贻笑大方了。

贝利毕竟是贝利，他几乎毫不停顿地回答说："我说的大脑是指脚后跟，明白吗？脚、后、跟。"

听众们笑得人仰马翻。

后来贝利对一个朋友说："幸亏我及时想起了一则小幽默，那则小幽默帮了我的大忙。"

他所说的那则小幽默，几年前刊登在一家报纸上：

母亲对儿子说：你的脑子呢，做功课为什么不用脑子？

儿子说：你没看见我正在搔脚后跟吗？

母亲说：想问题是用大脑，又不是用脚后跟。

贝利收集并记住了"脚后跟与大脑"的幽默，他在恰当的时机运用了它，依靠它来应付自己的窘境。

不妨做点文字游戏

如果你已经上了台，而且头也开得不坏，那么接下去要做的是关心你的听众。你要把注意力全部集中在听众身上，直到演讲完毕。当然，通常一个人的注意力不会集中在其中某一个听众身上，注意力在这时会像蜂鸟一样，在听众之间飞来飞去。

要忘掉自己，忘掉一切与演说内容无关的事情。这也许很难，不是每个人都有办法做得到。但是必须努力去做，否则你也无法抓住并保住听众的注意力。

亚利桑那州的"口吃的老森姆"在讲台上度过了40年生涯，一直有办法从头至尾使会议厅"满座"。他全凭幽默的力量，凭着戏剧性效果，一张口就给人以生动、逼真、有趣的感觉，听众全被他吸引住了。

他说："对不起，刚才我冒充来宾坐在观众席上。"他做手势，"这儿的司仪不知何故突然挑上了我，要我代替今天的主讲人，因为主讲人迟到了。"他看手表，耸耸肩，表示无可奈何，"我又惊又慌又怕。我尽力使司仪相信我不知如何是好，我对他说我是结巴，当我一开口讲话，我就会变得语无伦次，气也喘不上来。"他真的在某个词上打了结，好容易才摆脱掉，继续说："诸位也是又惊又慌，现在的情况很不安定。也许你们在为我感到难过，并且愤愤不平，说司仪不该把我推入绝境。"他最后吐一口气，说："好吧，也只有这样了，请听众们帮我一把，帮我度过这个难关吧！"

这位"口吃的森姆"，以耍文字游戏出名，当然他也十分相信幽默的力量。

我们在演说中也可以做点文字游戏，像森姆那样给人以亲切的、略可笑的印象。

充分借助视觉上的幽默效果

有一种理论，主张幽默的最高形式是视觉形式，而不是语文形式。我相信这有一点道理，因为人笑的往往不是"话语"本身，而是在笑自己。有时候，演讲者可以运用一点视觉效果，来帮助自己让听众知道——现在可以笑，没关系。不过也有一些人听到令人发笑的事后，一点也笑不起来。他发现周围的人都在哈哈大笑，心里纳闷，想："这有什么好笑！"，这种人缺乏幽默感，当然对别人所表达的意思也无从领会。

其实，我们可以借助于视觉上的幽默效果，利用"视觉的笑"来获得那些不大有幽默感的人的笑。

当劳伦斯的小说《恰特莱夫人的情人》出版后,一个演说家就在一次演说中把它打开,里面有两页纸立刻燃烧起来。这是他从魔术师那儿学来的方法,然后他又把它合拢,说"大家已经看到,这本书的热情太高了,差点引起火灾。"

还有一次他说:"现在是7点钟。"然后他举起一只手,伸出7根手指头。听众大笑起来,因为手上多了两根指头,这多余的两根指头当然是假的。

运用视觉造成的笑话,可以从听众中得到额外的收获。但是你必须注意:当你将景象和声音融合在一个笑话中时,要尽量使用些出人意料并富于机智的东西——道具、语言。要让在场的每个人都能看到你的"锦囊妙计"。

美国中西大学有一位老师,不需要道具也能造成视觉幽默。这位老师叫奈德,他去参加大学里的一项会议。他原先不打算在会议中讲话,更没有想到要坐在台上。当时正在闹学潮,学生们把他推到台上,要他就学潮问题发表一下自己的观点。这件事非同一般,颇为严重。

在一片骚动声中,奈德小心翼翼地走上讲台。正好墙角有一架钢琴,他竟径自走向钢琴,在钢琴旁坐下来,按出一个颤悠悠的低音。然后他回头看了看,说:"对不起,我有点紧张,不过马上就好。"他噼哩啪啦地弹出几个音符,之后,走到台前,在话筒前坐下。这时他缓缓地、小心地假装扣好身上的安全带。他说:"我在这次飞行中别失事就好了。"接着他开始在一片笑声中发表演说。

尽管他在演说中对学潮的态度不明朗,但没有人责难他。他给学生们带来的愉快，使他们对他产生了友好的态度，不再跟他纠缠一些实质性问题。

还有一位牧师是这么干的：他走上讲台，一屁股坐在椅子里，接着马上站起来，说声"对不起"，随后再小心谨慎地坐下去，只把半个屁股放在椅子上。"我的问题是，"他说，"坐着讲话效果不好，请大家原谅。"

这些视觉上的幽默，每个人都看见了。他们的姿势、身体动作，就是最好的无声的幽默。

不过动作不要太夸张，除了极少数情况之外，太夸张的动作会吸引听众只注意看你的动作，而忽略了演讲的内容。

如果你在日常生活中，在演讲时，不利用微笑的话，就好像你有 1 000 000 存款搁在银行里，却没有存折可以把这笔财富提出来一样。

演讲过程中可给听众一些幽默震荡

当你成功地切入主题后，仍然要制造气氛，抓住听众的注意力。

人的注意力有限，也缺乏广度。尤其在演讲的人以单调而低沉的语调叙述一个主题平淡的问题时，听众更容易感到乏味，甚至会昏昏欲睡。有人说："当他演讲完毕，全场一下子苏醒过来。"

有一个演说者花很大力气，准备了一份演说提纲。他没完没了地陷在第几个问题、第几个小点的漩涡中拔不出身来，听众中有几个人一同站起来离开了。

他的妻子也在场，这时急得跳起来，说：

"请原谅我先生，他有梦游毛病。"

连演讲的人都笑了。

所以要不断地抓住听众的注意力，可以改变一下话题，或者改变一下讲话的方式，以一则笑话或一句妙语，给听众一些不间断的幽默震荡。

当然，幽默要和当时的话题有关，你要使它成为你信息的一部分。

有一个社会问题专家，在演说中谈到离婚问题时，插入一则幽默——

葛力半夜里打电话给医生："请你赶快来！我太太病得很严重！"

"怎么啦？"

"肚子疼，我想是得了盲肠炎。"

"葛力，你疯了！"医生回答说，"半年前我亲自为你太太割掉了盲肠。难道你听说一个女人有两个盲肠吗？"

"医生，难道你没听说过我又结婚了吗？"

还有一个人，在发表一个反对某政客的演说中加进了一个笑话——

3个年轻人从水里救起一个政客。他很感激他们，问他们需要他帮什么忙，以回报救命之恩。

第一个说："我希望进入西点军校，但是我的成绩不理想。"

政客说："没问题，你进了。"

第二个说："我申请进入安娜波里大学，可他们拒绝了。"

政客说："没问题，你进了。"

第三个说："我希望不要被埋进阿灵顿国家公墓。"

政客问："公墓，为什么？"

"如果我父亲知道我救了你，他会把我打死的。他把希望全寄托在我的身上，一定要我当上你这样的大官。"

"没、没问题，你会当上的。"政客赶紧溜了，他害怕这第三个年轻人把他再扔进河里。

这种猝然插入的、切题的幽默小品，使气氛始终处在愉快的饱和状态，同时也不游离主题。

不过，有时候我们演说的主题可能是听众不希望听到的，有可能是涉及到痛苦的事实，或者需要听者做出牺牲。比如你在一个追悼会上发表讲话，抑或为非洲难民募捐。这时你谈到死亡、灾难，千万不要对这些严肃的问题嬉笑打诨。嬉笑打诨会使你变成一个小丑，同时也将无所获。

在演讲中插入幽默要控制好节奏

在演讲中插入风趣、幽默的谈笑，还有一个速度问题。太匆忙和太缓慢都不能达到预期的效果。因而要掌握好速度，把时间控制得恰到好处。

要使用节奏、停顿以及语调的抑扬顿挫，来表达含意并加强信息的传播。我们不可能都成为电视广播的节目主持人，但可以从电视广播，或其他场合看到他们的表演，来向他们学习控制时间的技巧。

笑星鲍伯·霍普说："题材有出色和平庸之别，但是我知道如何通过时间的控制，来使普通的笑话变成很棒的笑话。"

他认为，在讲笑话之前，不能像开车人按喇叭那样发出预告。千万不要告诉听众下面有什么要来了。如果你说："下面有一则笑话"，那么这则笑话的幽默力量就会大减。

同样，声响很大，也是不受欢迎的幽默预告。你自己的大笑声会把你说的那个笑话淹没了。

有的人在表达幽默之前，采用夸张的姿势和故作趣味的语调，这也是一种预告，十之八九不能达到幽默的效果。正确的方法和纯熟的技巧是："板着脸说笑话。"一本正经地"请君入瓮"，是发挥幽默力量的最好途径。

适度的插入谈笑和适度的快慢节奏，是通过学习和实践得来的。同样，适度的笑，也要在实践中摸索、掌握。

这正确的方法是，先听听自己的笑声，然后才笑。

录音机能帮助你练习讲笑话。你应该注意倾听自己录在磁带上的笑声，辨别其真诚和感染力的程度。不满意可以再重来，直到你自己也能受到自己的感染，随着一起哈哈大笑起来。

你对自己的检验会有过滤作用，它帮你除掉没有趣味或不相干的部分。当然，镜子也能纠正你的笑容，你的笑容和你的笑声是否能协调起来，对幽默的效果来说也是至关重要的。

一般来说，微笑要比咧嘴大笑更具感染力。如果笑容的含量超过了笑话本身，那么，比例就失调了，你和听众之间的平衡也会失调。

笑也有一个时间问题。从浅笑、微笑到大笑，应当有个过渡阶段。可以把节奏放快一些，但千万不要跳过某个阶段。这正如从最低音滑向最高音那样，如果没有阶梯地跳来跳去，会使人感到杂乱无章。面部表情杂乱无章或瞬息万变，也会使人感到吃惊，甚至会吓一跳。

幽默的运用要做到真实而自然

我们经常看到和听到一些政治家们的幽默言行。他们大多把幽默的力量运用得十分自如，真实而自然。没有耸人听闻，也不哗众取宠，更不是做戏。这是因为，他们都知道太精于说妙语和笑话，对个人的形象并无帮助。

但是有的政治家就不那么高明了，他们摇头摆尾。手势又多又复杂。有的人智力平平，却非要附庸风雅，企图以成串的笑料和廉价的笑来博得听众的欢心。他们硬要把自己塞进别人的肚子里，不顾别人是不是有这个胃口。

结果也许是真的引起了笑，但很可能是笑他形象的滑稽和为人的浅薄。

喜剧演员有喜剧演员的一套表演术，那是舞台上的特殊要求。演讲不是演戏，它虽然也需要趣味性，但完全侧重于摆事实，讲道理。

当你为了抓住听众，更好地阐述主题时，插入的幽默笑话或小品必须是毫不做作的。说话要流利，态度要自然，举止要有节制。

芝加哥有个人，他一心想得到某俱乐部主席的位置。他在一次对俱乐部成员的演说中，表现得过了头，在不到两小时的演说过程中，他至少说了50则笑话，并配以丰富的表情和确实引人发笑的手势。听众们被逗得哈哈大笑，末了，在他讲完最后一则笑话时，有人大叫："再来一个！"

这位老兄也真的再来了一个，再次把人逗得疯狂大笑。

但是他没有当上俱乐部主席。他的票数是候选人中的倒数第二。

当他闷闷不乐地走出俱乐部时，他问那位喊"再来一个"的听众："你说我比他们差吗？"

"不，一点也不差，"那人说，"你比他们有趣多了，你可以去当喜剧演员。"

注意收集他人的幽默

我们可以在平时注意收集一些幽默资源,并恰当地在演讲中使用,从而使自己的演讲变得风趣。

在这世界上,有着数不清的出版物。我们当然可以找到几本《笑话大全》或《幽默全集》。我发现这类书通常是以题材内容来分类的。诸如"童稚篇""爱情篇""婚姻篇""忧虑篇"等等。这是一种列表法。

我们也可采用列表法,把幽默的材料分为"幸福""灾难""教育""买卖""女人""男人""离婚"等。

例如幸福:什么是幸福?幸福就是摇篮里的那个玩意儿。

再例如离婚:

一个男人对一个刚刚相遇的朋友说:"我结婚了。"

"那我得祝贺你。"朋友说。

"可是又离婚了。"

"那我更要祝贺你了。"

当然,我们可以列出更多分类,还有很多故事、妙语、幽默小品等。

建立列表法,可以帮助你整理幽默题材,分门别类,然后将它们储存在脑子里。

我们经常从家人、同事、亲朋好友那儿获得幽默的题材,注意倾听他们所说的趣事,随时增加自己的幽默资源。同时也留心公众场合,倾听不认识的人的谈话。有一个演说家是这样增加资源的。

有一次，这位演说家走在一条小巷里，无意中发现前面有一对青年男女。男的又说又笑，女的板着脸。于是他放慢脚步，听一听男的在说什么。

男的说："你怎么了，觉得太突然吗？"

女的说："我一点思想准备也没有。"

男的说："其实说来也不算向你求婚，我只是问你愿不愿把咱们的薪水袋合在一起。"

他发现自己暗自笑了起来，于是后来把这段对话记在"求婚"类里。

下面是一则他从牙医贾维斯那儿偷来的笑话：

病人问："医生，我的牙齿怎么办？它们太黄了。"

牙医说："那好办，你戴一条深颜色的领带就行了。"

他把它记在"求医"类里。

对他来说，倾听他人的演讲或谈话是一大享受。

许多演说家和普通人都可能有隽语妙解。有一个小伙子，看到一对青年坐在高高的城墙上谈恋爱，他叹息道："呵，这么陡峭的爱情！"当时演说家正跟他走在一起，他立刻把它记在小本子上，回去后把这句妙语归入"恋爱"类里。

演说家的讲解中总是有一些充满了幽默力量的故事。一个演说家从科罗拉多州副州长乔治·布朗的一次演说中听到这样一则故事：

有3个人在争论何种职业最先出现在世界上。其中一位医生说:"当然是医生这一行,因为上帝是最伟大的治病家。"

第二位工程师说:"不,是工程师最早,因为圣经上说,上帝从混沌之中创造世界。"

第三个是个政治家,他说:"你们都错了,是政治家最早。你们想一想,圣经中说的混沌状态是谁造成的?还不是政治家!"

他当然没有把这则故事浪费掉,它成为他的幽默库中的一员。还有一些虚构的信函、电话或事情,都可以成为幽默的资源。

在一次竞选总统的演说活动中,他听到一位演说家说:"先生们!下面我来念一封写给总统大人的信。"他滔滔不绝地念起来,通篇是关于总统伟大功绩的恭维话。但是末了他念道:"总统大人,请原谅我用蜡笔写这封信,因为我们这儿的政府不准我用任何尖锐的东西。"

不用说,他马上把它归入"政治"类里。

我们平时注意生活周围所发生的幽默事情,能使人受益无穷。如果你发现自己正在为什么事哈哈大笑或轻声浅笑,那么就有必要把这些听到的幽默实例变成自己幽默资源的一部分。同时也要广泛阅读书报杂志,不要把你的范围局限在《笑话大全》或周围狭小的生活圈里。尽可能涉及各种各样的书籍,例如传记中,就经常可以读到名人的趣闻轶事。